# 中国古代关隘

李楠　编著

中国商业出版社

**图书在版编目（CIP）数据**

中国古代关隘 / 李楠编著．-- 北京：中国商业出版社，2015.5（2021.1 重印）

ISBN 978-7-5044-8556-4

Ⅰ．①中… Ⅱ．①李… Ⅲ．①关隘-介绍-中国-古代 Ⅳ．①K928.77

中国版本图书馆 CIP 数据核字（2015）第 117009 号

责任编辑：张斌

中国商业出版社出版发行

010-63180647 www.c-cbook.com

（100053 北京广安门内报国寺 1 号）

新华书店经销

三河市吉祥印务有限公司印刷

*

710 毫米×1000 毫米 16 开 12.5 印张 200 千字

2015 年 8 月第 1 版 2021 年 1 月第 2 次印刷

定价：25.00 元

# 《中国传统民俗文化》编委

# 序 言

中国是举世闻名的文明古国，在漫长的历史发展过程中，勤劳智慧的中国人，创造了丰富多彩、绚丽多姿的文化，可以说人创造了文化，文化创造了人。这些经过锤炼和沉淀的古代传统文化，凝聚着华夏各族人民的性格、精神和智慧，是中华民族相互认同的标志和纽带，在人类文化的百花园中摇曳生姿，展现着自己独特的风采，对人类文化的多样性发展作出了巨大贡献。中国传统民俗文化内容广博，风格独特，深深地吸引着世界人民的眼光。

正因如此，我们必须深入学习贯彻党的十八届三中全会精神，按照中央的要求，加强文化建设。2006 年 5 月，时任浙江省委书记习近平同志就已提出："文化通过传承为社会进步发挥基础作用，文化会促进或制约经济乃至整个社会的发展。"又说，"文化的力量最终可以转化为物质的力量，文化的软实力最终可以转化为经济的硬实力"。(《浙江文化研究工程成果文库总序》)2014 年他去山东考察时，再次强调：中华民族伟大复兴，需要以中华文化发展繁荣为条件。

学习习近平同志的重要讲话，确可体会到，在政治、经济、军事、社会和自然要素之中，文化是协调各个要素协同发展、相关耦合的关键。正因如此，我们应该对华夏民族文化进行广阔、全面的检视。我们应该唤醒我们民族的集体记忆，复兴我们民族的伟大精神，发展和繁荣中华民族的优秀文化，为我们民族在强国之路上阔步前行创设先决条件。

实现民族文化的复兴,必须传承中华文化的优秀传统。现代的中国人,特别是年轻人,对传统文化十分感兴趣,蕴含感情。但当下也有人对具体典籍、历史事实不甚了解。比如,中国是书法大国,谈起书法,有些人或许只知道些书法大家如王羲之、柳公权等的名字,知道《兰亭集序》是千古书法珍品,仅此而已。再如,我们都知道中国是闻名于世的瓷器大国,中国的瓷器令西方人叹为观止,中国也因此获得了“瓷器之国”(英语 china 的另一义即为瓷器)的美誉。然而关于瓷器的由来、形制的演变、纹饰的演化、烧制等瓷器文化的内涵,就知之甚少了。中国还是武术大国,然而国人的武术知识,或许更多来源于一部部精彩的武侠影视作品,对于真正的武术文化,我们就难以窥其堂奥了。我国还是崇尚玉文化的国度,我们的祖先发现了这种“温润而有光泽的美石”,并赋予了这种冰冷的自然物以鲜活的生命力和文化性格,如“君子当温润如玉”,女子应“冰清玉洁”“守身如玉”;“玉有五德”,即“仁”“义”“智”“勇”“洁”等。今天,熟悉这些玉文化内涵的国人,也为数不多了。

也许正有鉴于此,有忧于此,近年来,已有不少有志之士,开始了复兴中国传统文化的努力之路,读经热开始风靡海峡两岸,不少孩童乃至成人,开始重拾经典,在故纸旧书中品味古人的智慧,发现古文化历久弥新的魅力。电视讲坛里一拨又一拨对古文化的讲述,也吸引着数以万计的人,重新审视古文化的价值。现在放在读者面前的这套“中国传统民俗文化”丛书,也是这一努力的又一体现。我们现在确实应注重研究成果的学术价值和应用价值,充分发挥其认识世界、传承文化、创新理论、咨政育人的重要作用。

中国的传统文化内容博大,体系庞杂,该如何下手,如何呈现?这套丛书处理得可谓系统性强,别具心思。编者分别按物质文化、制度文化、精神文化等方面来分门别类地进行组织编写,例如在物质文化层面,就有中国古代酒具、中国古代农具、中国古代青铜器、中国古代钱币、中国古代石刻、中国古代木雕、中国古代建筑、中国古代砖瓦、中国古代玉器、中国古代陶器、中国古代漆器、中国古代桥梁等；在精神文化层面，就有中国古代书法、中国古代绘画、中国古代音乐、中国古代艺术、中国古代篆刻、中国古代家训、中国古代戏曲、中国古代版画等；在制度文化层面，就有中国古代科举、中国古代官制、中国古代教育、中国古代军队、中国古代法律等。

此外，在历史的发展长河中，中国各行各业还涌现出一大批杰出人物，至今闪耀着夺目的光辉，以启迪后人，示范来者。对此，这套丛书也给予了应有的重视，中国古代名将、中国古代名相、中国古代名帝、中国古代文人、中国古代高僧等，就是这方面的体现。

生活在21世纪的我们，或许对古人的生活颇感兴趣，他们的吃穿住用如何？如何过节？如何安排婚丧嫁娶？如何交通出行？孩子如何玩耍等。这些饶有兴趣的内容，这套“中国传统民俗文化丛书”都有所涉猎，如中国古代婚姻、中国古代丧葬、中国古代节日、中国古代风俗、中国古代礼仪、中国古代饮食、中国古代交通、中国古代家具、中国古代玩具、中国古代鞋帽等，这些书籍介绍的都是人们颇感兴趣，平时却无从知晓的内容。

在经济生活层面，这套丛书安排了中国古代农业、中国古代纺织、中国古代经济、中国古代贸易、中国古代水利、中国古代车马、中国古代赋税等内容，足以勾勒出古代人经济生活的主要内容，让今人得以窥见自己祖先的经济生活情状。

在物质遗存方面，这套丛书则选择了中国古镇、中国古楼、中国古寺、中国古陵墓、中国古塔、中国古战场、中国古村落、中国古街、中国古代宫殿、中国古代城墙、中国古关等内容。相信读罢这些书，喜欢中国古代物质遗存的读者，已经能掌握这一领域的大多数知识了。

除了上述内容外，其实还有很多难以归类却饶有兴趣的内容，如中国古代乞丐这样的社会史内容，也许有助于我们深入了解这些古代社会底层民众的真实生活情状，走出武侠小说家加诸在他们身上的虚幻的丐帮色彩，还原他们的本来面目，加深我们对历史真实性的了解。继承和发扬中华民族几千年创造的优秀文化和民族精神是我们责无旁贷的历史责任。

不难看出，单就内容所涵盖的范围广度来说，有物质遗产，有非物质遗产，还有国粹。这套丛书无疑当得起“中国传统文化的百科全书”的美誉了。这套丛书还邀约了大批相关的专家、教授参与并指导了稿件的编写工作。应当指出的是，这套丛书在写作过程中，既钩稽、爬梳大量古代文化文献典籍，又参照近人与今人的研究成果，将宏观把握与微观考察相结合。在论述、阐释中，既注意重点突出，又着重于论证层次清晰，从多角度、多层面对文化现象与发展加以考察。这套丛书的出版，有助于我们走进古人的世界，了解他们的美好生活，去回望我们来时的路。学史使人明智，历史的回眸，有助于我们汲取古人的智慧，借历史的明灯，照亮未来的路，为我们中华民族的伟大崛起添砖加瓦。

是为序。

傅璇琮

2014 年 2 月 8 日

# 前　言

关隘是我国古代一种重要的交通及军事设施。古人在道路险要之处或重要津渡设关，主要是为了军事防御和控制交通，后来也成为征收赋税的重要设施。

择地设立关口，反映了我国古人对于地形在战争中的重要作用有着充分认识。我国古代著名兵书《孙子兵法》中的《九地篇》就已经根据用兵的原则，并结合位置、距离、自然条件、交通状况等把地形分为散地、轻地、争地、交地、衢地、重地、圮地、围地、死地等多种。

古代关隘大多是利用自然条件建在两山之间或者山水之间。内地的关隘大多是在交通要道上直接修建的关卡，边疆的关隘则有大有小，依据地理形势或驻军据守，或警戒传讯。小的关隘就是一面城墙，大的则形成一座关城。

总之，关隘的存在就是为了让敌人在进攻时无法顺利通过，无法绕道而行，而必须要展开攻城作战，从而达到延缓敌人进攻、消耗敌人给养及有生力量的目的。

到了热兵器时代，夹山而建立的关隘因火炮的产生而作用变小，但是对平缓渡口的控制即使是在今天也显得尤为重要。

关隘对中国历史的发展进程具有十分重要的意义。有史以来，虽然夏商时期没有关于关隘的相关记载，但西周因周幽王烽火戏诸侯，关备废弛而身亡；东周列国群雄称霸，攻城略地，关隘一直首当其冲，成为三代征战的主要阵地。其后，秦人越陇关，据关中，出函谷而灭六国，修长城、筑关塞以拒匈奴，终成一统大业。刘邦据虎牢，出武关而伐楚，遂致项羽有霸王别姬之叹，始有汉家天下。汉武驱匈奴，列四郡，据两关，遂有丝绸之路以通西域。三国争雄，关羽过五关、斩六将成为千古美谈。魏晋以来，十六国南北纷争，江山易主，华夏大乱，关隘处处为战场。隋唐开边拓土，边塞未稳，即因安史之乱潼关失守而致京城沦陷，自此一蹶不振。及至两宋，辽、金、西夏、蒙古屡屡逾关犯境，边患不止，疆域不宁，致失地亡国。当时，金兵越居庸关而致辽亡，蒙古攻居庸关而致金溃。元蒙疆域广大，前朝边关多内置为镇戍卫所。明朝筑边墙建关设防以自保，虽雄关当道，终难阻铁骑雄兵，遂有“闯王”入居庸关而亡明，清兵进山海关而主政中原。其后，大清式微，闭关自守，西方列强叩关通商，鸦片荼毒黎民，国土竟被瓜分。而到了现代，日寇入关越我长城，娘子关失陷传悲歌，平型关大捷扬国威……历代王朝盛衰更迭，中华民族多灾多难，边关可为见证。而千百年来，围绕着边关、边备、边患的奏议和论著连篇累牍，抒写戍边守塞、记述边关征战的诗词歌赋洋洋大观数。而对古代关隘的探究，必将对当今积淀深厚的地域历史文化遗产的发掘保护产生积极的促进作用，而这也正是本书的现实意义所在。

本书按地理位置划分，共介绍了50余个重要关隘。希望读者朋友们能从中体会到古代浓烈的烽烟之气。

# 目录

## 第一章　古代关隘概述



## 第二章　一夫当关——长城上的关口

## 第四章　华中地区的关隘



## 第五章　西北与西南的关隘

# 第一章

# 古代关隘概述

关隘有的是专门设在险要之地的军事防守要塞，有的则是边关重防，有的是交通要塞，有的关隘兼有几种功能，只是在不同时期充当的角色有所偏重而已。作为城市的门户，或交通的屏障，就是在近代战争中的许多关口如娘子关、平型关、喜峰口等也都起到了一定的御敌作用。

# 第一节 古代关隘概述

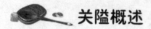

## 关隘概述

“关”本义为门闩，引申指边境上的出入口，即有边境要道上的门户之意。关须设门，平时据以查验过往的商旅和行人，战时可闭门以御来犯的敌人。长城上的关还建有关城，出境入境必须要通过关城。

虎牢关

古代关因其常建置在险隘的山口或要塞处，因此名称很多，又称关口、关津、关河、关山、关塞，亦称关门、关卡或关隘等，其实皆为驻兵戍守的要塞。《南齐书·萧景先传》中载：“（萧）惠朗依山筑城，断塞关隘。”限制行人必须要由关出入，以控制交通。胡三省注《资治通鉴·卷二六六·后梁记一》“太祖开平元年”条时曾说：“关，往来必由之要处，津、济度必由之要处。”当然，津与关不同，但有类似“关”的作用，有些津渡往往关、津并置，如汉唐时期兰州附近的金城关、永靖的凤林关，以及明代靖虏卫的索桥关等。河流渡口未必都建有关，而若建关则必为要津。关塞为秦汉时期的称谓，秦始皇“城河上为塞”，即于黄河岸上筑城为塞防，而汉代又称长城为塞，要塞必建关以守，于是关塞也即后来所称之关隘。又因古代许多险关要隘多为边界防守的重点，故边塞、边关等亦是关隘的别称。

从历史角度讲，“关”是古代国家在边界上建立的政治军事设置，因此被当作国家的门户，是现代国家海关的滥觞。“隘”泛指山谷峡口等。“关”是统治政权人为构筑的以军事防御为主的设置，而“隘”则是自然形成的地理环境，为便于防守，关之所设往往依山隘险要构筑，所以，“关隘”就成了一个意义稳定的名词，泛指一切关口要隘。但并不是所有隘口都有关的设置，只有那些历史上曾明确设防建关的隘口等，才可称之为关隘。当然，出于边防或互市的需要，也有些关的设置不一定就在险绝之地，人工构筑城垣以建关御敌开市者也还是有的，严格来讲，那就只能称“关”而不可带“隘”字了。例如，建立在茫茫戈壁较为开阔地带的汉代玉门关就是为控扼交通要道，才筑长城以阻车骑、建城障以为关卡，只能称之为“关”。同时，还有一些实际上作为关隘但名称却不带“关”字的要塞，如口、堡、寨（砦）等，也应据实归入关隘之列。

另外，如果说道路是中国古代交通的基础，车船是中国古代交通重要的工具，桥梁是中国古代交通的衔接，馆驿是中国古代交通的设施，那么，关隘则是中国古代交通中的重要环节，对古代交通有着很大影响。

综上所述，关隘作为古代在道路险要或重要津渡之处的设置，其目的有三：一是为军事防御以控制交通，管制过境人员；二是为查验进出境物资以征收关税；三是为开展周边地区民族间的资货贸易。

## 关隘的兴衰与变迁

古关隘的兴废往往和战争密切相连。古代关隘既是战争的产物，同时也因为战争而不断发展和完备起来。几千年来，中国的战火烽烟很少断过，中国历史在某种意义上就是一部战争史。战争一方面使许多关隘屡屡被毁，另一方面也使古代关隘遍及华夏各地。

设置关隘的历史源远流长，大概起源于三代（夏、商、周）。周代时已在国境和城门设关，并有掌关的专职官员“司关”。最早的关是朝廷所设收税的站卡，并非是为了方便民众，而是为了通商旅，设禁征税，也没有与险要、军事等结合起来。随着战争的频繁和规模的不断扩大，关逐渐被赋予了新的含义，成了抵御来犯之敌的重要屏障。大量设关布防，就始自战争频繁的春秋战国时期。

春秋以来军事的发展，使得战场由平原转到了山川险要之地。各国利用险要地形，设关建塞。但是初期的这种关塞并没有常驻部队，只是当战争发生时才派人把守，后来平时也有驻军，并任命官吏掌管。可以说，真正具有后来意义上的关隘是从春秋战国时期开始的。

春秋时期最著名的关隘，莫过于令伍子胥一夜白头的昭关了。战国时除了著名的“天下九塞”外，还有其他的一些关隘，如楚国西面设有扞关、东北设有符离塞、南方设有无假关、西南边境设有厉门塞。战事频仍的春秋战国时期为关隘创造了一个发展的契机。

秦汉时期，秦都咸阳与汉都长安都处在关中地区，四周都建筑了险关要塞，东置函谷关，西置散关，南置武关，北设萧关，号称秦汉四塞。这四座关隘完全是为了拱卫京都而设置的，防御功能十分明显。除此之外，东面的临晋关、南面的峣关、西面的陇关都是拱卫关中安全的非常重要的关隘。此外，汉代还在西北和北部设立了玉门关、阳关、五阮关、天井关、壶关等，重兵屯戍，关禁严切，稽查行人。东汉定都洛阳，仿效西汉的制度在京城的周围设置了东成皋（虎牢关）、西函谷、南伊阙、北孟津4座关隘。东汉末年，天下大乱，黄巾起义爆发，东汉政府设置了卫护洛阳的8关，即函谷、大谷、广城、伊阙、轩辕、旋门、孟津、小平津诸关。以后各代的都城设计都恪守了这一格局，并且在各州郡府县，特别是沿国境线附近和险谷要路都修筑了许多关隘。据统计，唐代新设关112处，加上原有故关54处，共有关隘166处之多。

昭关

北宋时，由于未能收复后晋时“儿皇帝”石敬瑭割让给契丹的幽云 16 州（今北京一带），只能退守河北平原地区，在宋、辽边境地带设置了淤口关、益津关、瓦桥关、岐沟关和号称“国门之户”的高阳关。金代在界壕的交通要道处也是广置关隘防守蒙古骑兵。由于蒙古骑兵夺取江山时饱受关隘之苦，因此夺取天下后大量取消关隘设防，但对事关大都（今北京）安危的居庸关和紫荆关却非常重视，多次维修。

明朝国力衰微，对外以守和为主，因此明代是修筑关隘的最盛期，我们今天所见的关隘大部分都是这个时期修筑或重新修筑的。明代关隘的形式和布局在前代的基础上进一步完善，最具有代表性的例子就是山海关和居庸关了。

到了清代则很少修筑关隘，甚至在康熙执政时大量拆毁关隘。清朝前期边关稳固，倡导以德安天下。只是在清中叶以后国势衰微，为了防守捻军和少数民族的起义，清朝统治者才“捡”起明代修关隘制险的老办法，如同治年间重修雁门关。

纵观古代的关隘，沧海桑田，几多变迁。有的关隘虽然前后关名一样，但地点却发生了变化，如秦汉函谷关、汉唐玉门关的变迁。萧关的具体位置也几经变迁，汉萧关在宁夏固原东南，唐宋萧关在宁夏同心东南。这种变迁和函谷关、玉门关、萧关在古人心目中的地位是分不开的，它们在人们的心目中更多的是一种边疆关防或势力范围的象征。更多的关隘是不断延续而历代变更其名称，如紫荆关东汉时名五阮关，北魏称为子庄关，宋代名金陂关，紫荆关的名字应是宋金以后出现的事情了。关隘的角色在不同的时代也有所变化，如嘉峪关在明代既是边关，又是长城的关隘和贸易的要处，但到清代以后，由于领土扩展到了新疆，嘉峪关成为内地关隘，防御功能衰退，地位下降，主要职能成了征税。到了清末民初更是变成了检查来往客商的关卡。

历经千年的古关，在自然和战争的不断破坏下，保留到今天已经没有多少遗迹了，有的已成为历史的陈迹。时至今日，许多关隘在军事上的实用功能和交通上的意义已经不复存在了。但“雄关存旧迹，形胜壮山河”，正是这些残垣断壁、只砖片瓦留给后人一种历史的沧桑感，一种历史真实的美，一种人文景观和自然环境地势完美结合的美，其历史的价值和文化的价值越发凸显了出来。

## 知识链接

### 天下九塞

“天下九塞”一词出自《吕氏春秋》。《吕氏春秋·有始》称：“何谓九塞？太汾、冥厄、荆阮、方城、井陉、令疵......”现在泛指雁门关、居庸关、八达岭长城、紫荆关、楚长城、黄草梁、井陉关、句注塞、平靖关这九个古中原长城要塞。

## 古代关隘的特点

通过对中国古代关津的综合考察，可以总结出它们具有以下一些特点：

### 1. 凭险而立

有史以来，关隘不论大小，无一不是地形险要，可以说无险不成其为关隘。关隘的险要凭借山势，津渡则凭借水势。大部分关隘形势都是自然形成的，人为之处只是修建的关楼城池而已，所以山水要冲处大都有关隘。

### 2. 交通与军事相结合

关隘本来是交通的产物，它的目的是稽查罪人和政府禁运的物品，如罪犯逃亡、境外嫌疑人员入境、国家禁运的物品偷运等。所以，来往行人都要登记、查验证件，由此达到社会安定，境内无虞。但是，又因关津是交通要冲，出于军事上的需要，又成为兵家必争之地，不仅要安排官吏驻守，而且还需要派军队驻防，使关隘增加了军事色彩。特别是历代的边关，几乎成了军队的驻地，军事上的重要性往往超过了交通方面的重要性。

### 3. 具有一定规模的基础设施

关津虽然借天然地形，但在此基础上，历代政府又加强了关隘的基础设施建设。一般的关隘都有城楼，大型关隘还建有关城，而且规模都比较大，有主楼、偏楼，有中城、外城等。还有的在关隘附近设立城堡，逐渐成为一个城镇。所以，关隘除地形险要外，主体设施都十分雄伟。

### 4. 多分布在北方和沿边地区

考察历代关隘可以发现，分布在北方地区的居多，即今日陕西、山西、河北等地，而在江苏、浙江、江西、广东等地比较少，特别是江浙一带关隘更少。其次分布在沿边地区的也较多，如清代的河北北部、宁夏、甘肃、新疆、青海、四川、云南等省关隘较多，特别是云南、四川、贵州地区尤为突出。这与这些地方多为山区有着很大关系，地形复杂险要，山峰河流是关隘建立的前提。

### 5. 与政治联系紧密

关隘的设置主要是为了防卫京师，这一点特别突出。如秦汉都咸阳、长安，四周的关隘就很多，形成了固若金汤之势。洛阳、开封，也是几朝古都，四周的关津也不在少数。元明清三代建都北京，在北京周围有山海关、居庸关、紫荆关、倒马关、井陉关等，成为京师的屏障。由此可见，这些关都是为了京师的安全而设立的，含有政治的因素。

## 关隘的防御与配套设施

关隘是防守的产物。为了更好地防守，在关隘多修有关城。关城城高池深，再配合以有利地势，防守严密，进可攻，退可守。也有的关隘有关无城，虽然被用于战争，但却没有修筑关城等防御性设施，只是在有战事之时凭借险要的地势进行防御，这种情形比较少见。

古关关城分为平地建关和依地势建关两种。由于关城的主要功能是军事性的，所以它的规模一般比较小，城内并无太多居民。关城平面随关口地形和防御需要布置，一般在平地设置关隘的关城形状多为方形或近方形，而随山就势建造，形状往往不甚规则，如八达岭的关城为梯形，紫荆关关城为梅花形。关城一般根据规模、地形及需要设置城门，城门是出入的通道，但在军事上是防守的弱点和攻防的重点，是整个关隘设置的核心。和城池一样，修筑瓮城就是为了解决好城门的防守问题。关门的开闭有一定时间限制。关城上一般都建有高大的城楼或箭楼。此外，有的还在关城外挖有护城河或壕沟，形成一个独立的城堡布局。除嘉峪关城外，早年还设有“绊马坑”，坑内

紫荆关

常埋设“铁蒺藜”，专门对付蒙古铁骑的侵扰。这些关上的建筑与古关本身和周围的地势浑然一体。

一个关城完备的防御体系，不仅要据险修筑，在城的周围还要有一些附属性的防守设施，与关城一起构成一道完整的防线。如长城上关隘的两翼均有城墙相连，防止敌方迂回包围。为了加强防守，大的关城还建有罗城、翼城。如山海关城东西门外修筑罗城，在南北门外修筑翼城；嘉峪关四周有大小 7 个城堡拱卫它的安全，附近烽燧墩台纵横交错，相互保护；宁武关在关城北的华盖山顶修筑了一座护城墩，墩上筑有一座华盖楼，这种关城附带护城墩的布局是其他关隘所没有的。

在河口之地建关是古代关隘建筑的一个重要特点，一方面要保证城内有充足的水源，另一方面也要防止敌方利用这些河流偷袭关城。因此，凡涉及水的关城一般都修有水门与水口，今天在紫荆关关城还能看到3座水门、29个水口。九门口、黄崖关水城等更是把关和水的关系紧密结合在了一起，水在关下走，关控水路，让敌方无隙可乘。山海关的辅关南海口关就是常说的老龙口，则是长城在滨海设置的唯一关口，使山海关同时可以兼顾海防。

关隘最佳的防御策略就是固守不出，配合这种防御策略最为有效的防御工具先是弓箭，在火药发明之后，火炮成为新型的攻防工具。在山海关东门城楼南北两侧，各陈列着一尊铁铸火炮，都是明代所造。炮身长2.7米，全重2500千克，炮身上铸有“神威大将军”的字样，是当时最为先进的防御武器，威力无比，杀伤力极大。从居庸关留下的资料看，守军的兵器有长枪、挨牌、木牌、马刀、腰刀、弓箭、攒木长枪、神枪、大将军铁炮、二将军铁炮、大将军铜炮、神铳、缨子炮、虎尾炮、铁三起炮、碗口炮、小神炮等，长短、远近、攻防、冷热兵器一应俱全。

关隘一般都设有专门管理机构，派兵把守。如汉代阳关属敦煌郡阳关都尉管辖，下设候官、田官、城官等官吏，分管候望、屯田、屯兵。王莽时曾于武关、壶口关、函谷关和陇关设“四关将军”。东汉末洛阳八关并置都尉，修理攻守，简练器械。唐代关隘的管理由尚书省刑部司门郎中总负其责，上关设令1人，丞2人，中关令丞各1人，下关令1人。元代在紫荆关设千户所，达鲁花赤1员，千户1员，百户6员，弹压1员。明初仅老龙头就有官兵171人，马匹5匹，军器139件。明代嘉峪关驻守备1人，领兵千人，辖敌台39处。而作为京城门户的居庸关守军最多时达14000多人，更见其规模之大。

关城的规模一般都不大，关城内修有衙署、兵营、仓库、府库等附属配套设施。在关城内外经常能够看到庙宇和祠堂，如昭关有伍子胥祠，大散关有吴公祠；古北口曾有包括药王庙、关帝庙、龙王庙、菩萨庙、令公庙的庙宇30余座，居庸关历史记载寺庙有城隍庙、玉皇庙、龙王庙、东岳庙、泰山行宫庙、马神庙、吕祖庙、关帝庙，此外还有文庙，再加上云台，可谓儒、释、道以及民间诸神齐备。这其中供奉最多的可能就属于忠肝义胆的武圣人关羽（关云长）了，而北方地区的关隘中常常供奉有杨家将等。

# 第二节
# 关隘的类型

## 国境内的内关

所谓“内关”，是以今天的地理概念而言的，指处于古代中国境域内地的关隘。因为中国历史上每个朝代的疆域不同，对于诸侯并立的小国来说，疆域更与今天不是一个概念，所以只能用今天的疆域概念来划分。中国古代内关占多数，而且有许多都是著名的关隘，著名的内关有子午关、蓝田关、萧关、潼关、伊阙关、函谷关、河阳关、井陉关、天井关、娘子关、剑门关等。

## 边疆地带的边关

边关是与内地关隘相对而言的，即边疆地带的关隘。但边关的定位比较困难，因为历代的边疆沿革不同，边防的关隘位置差异很大，当时的边疆今日早已成为内陆繁茂之地。特别是春秋战国和东晋十六国时期，国家众多，两国交界处即是边防，今天就更无法说了。所以，这里按照业内公认的说法，以古长城为界，把沿长城的关隘称为边关。其中，著名的边关有阳关、玉门关、榆林关、桃关、楼烦关、合河、偏头关、嘉峪关、山海关、居庸关等。

函谷关

## 知识链接

### 一自萧关起战尘

萧关，汉代所置，在今甘肃省固原县。唐置萧关县，距原州90公里。由于萧关是汉唐时期西北地区的屏障，汉书唐诗中多有记述。如司空图在《河湟有感》中写道："一自萧关起战尘，河湟隔断异乡春。"河、湟是今日的黄河与湟水，指河西、陇右地区，说的是自萧关失守以后，河西、陇右地区分割，原来同乡春色变成了异乡春色。礼部员外郎王驾的《古意》诗中写道："夫戍萧关妾在吴，西风吹妾妾忧夫。一行书寄千行泪，寒到君边衣到无?”一方面这是说为守萧关给士兵家庭造成的痛苦，夫妻长期分离，致使妻妾思念之情久而不衰，致使写一行书信流千行泪。另一方面反映了守关士兵的辛苦，关上寒风呼啸，但寒衣还没有从遥远的家乡寄来。但是，为了国家的安全，再苦也不能让关隘失守，否则京城就要受到侵害，如汉文帝十四年（前一六六），匈奴入萧关，杀北地都尉，造成一场惨烈悲剧。

## 临水而立的津关

津关是指江河上的关隘要冲，是与陆地关隘相对而言的。古代的江河之上，常常设有津要，发挥着陆地关隘的作用。由于中国南方多江河，津关在南方者居多，但北方的河流上也有津关设置，其中也不乏著名者。

比如，著名的津关有孟津、茅津、黎阳津、延津、蒲津关、风陵津、龙门关等。

## 海上门户的海关

海关是指中国古代去海外的海上关隘。海关一词，是从明代始称的。其实在此之前，随着中国与外国交往的日益频繁，也应有海关之类的设置，只是不称其为海关，称为市舶司之类。那时的海关，与现在意义上的海关不尽一致。

我国古代边境关隘虽然是今天海关的滥觞，但沿海而设海关的历史却也

潮海关监察长公馆

很悠久。早在春秋战国时期，燕、齐、吴、越等诸侯国在其沿海的港口城镇，就已经开始与日本、朝鲜、菲律宾等海外国家发生贸易交往。秦汉时期海上贸易的航线已沿印支半岛远达东非，被誉为“海上丝绸之路”。三国两晋和南北朝时期，虽然分裂动荡，但海上交通贸易却未受影响，海南诸国“其奉正朔，修贡职，航海岁至，逾于前代”，以致“舟舶继踪，商使交属”，依然频繁。而且，自秦汉至初唐的七八百年间，历代王朝都设关派员监管海运及进出境贸易等，一般由地方官郡太守或州刺史执掌其事。但沿海关卡的名称在唐宋元明四代均以“市舶司”名之，直到清初才对沿海关卡以“海关”二字称之。

我国正式有“海关”始于清代，当时把沿海的关称为“洋关”。康熙二十四年（1685 年），开放海禁，设江、浙、闽、粤四海关。鸦片战争（1840 年）之后，西方列强凭借武力从海上侵入中国，逼迫清政府与其通商，海关随之增多。道光二十二年（1842 年），英国强迫清政府签订《南京条约》，在广州、福州、厦门、宁波、上海设海关开埠通商，史称“五口通商”。咸丰四年（1854 年）在上海设江海关，咸丰九年（1859 年）在广州设粤海关（即广州关），十年（1860 年）在汕头设潮海关，十一年（1861 年）设厦门关，十二年（1863 年）设东海关、台南关、淡水关。光绪三年（1877 年）设琼海关、北海关，在温州设瓯海关，在澳门设拱北关，在香港设九龙关，三十三年（1907 年）设大连关，三十四年（1908 年）设滨江关、满州里关、绥芬河关等。

海关的职能有两方面，除了征税外，还负责稽查进出海关的行人。

# 第二章

# 一夫当关——长城上的关口

纵观中国古代自春秋至于清代2000余年的长城修筑史，明代200余年的长城修筑成果堪称最为辉煌。但据历史文献记载，中国古代共有20多个诸侯国家和封建王朝修筑过长城，若把各个时代修筑的长城加起来，大约有10万里以上。其中，秦、汉、明3个朝代所修长城的长度都超过了1万里。现在我国新疆、甘肃、宁夏、陕西、内蒙古、山西、河北、北京、天津、辽宁、吉林、黑龙江、河南、山东、湖北、湖南等省、市、自治区都有古长城、烽火台及关口的遗迹。

# 第一节
# 古长城上的重要关口

最早的战国时代（公元前475—公元前221年），各诸侯国为了互相防御，在各自边境修筑高大的城墙，将列城和烽火台连接起来，绵延不绝，故称长城。当时各诸侯国的国土面积大小有别，故各国的长城也互有短长。本节就选取战国赵长城上和齐长城以及汉代长城上的几座关口加以介绍。

## 赵长城上的天井关

提起赵长城来，一般人想到的是赵武灵王修筑的长城。这条长城始于河北省宣化境内，经尚义县，跨东洋河，进入兴和县而后走辉腾梁山、大青山南麓，经乌拉山而直趋狼山。但实际上，比之早30多年的赵肃侯时代，战国已经修筑了一条防备魏、齐来犯的长城。近年来通过考察，历史地理学界把赵武灵王修筑的长城称为“北长城”，而把赵肃侯修建的长城称为“南长城”。

南长城沿漳水北岸一线修筑，西起山西省晋城市大口村西，东至天池岭北悬崖尽头，绵延3.5千米，位于沁阳市境内的有1.5千米。沁阳市境内的赵长城为东西走向，至天池岭蜿蜒北向至断崖。著名的天井关就在这段长城

天井关残垣

之上。

天井关，在山西省晋城南四十五里太行山上，秦以前名“天门”，西汉始称“天井关”，唐称“太行关”，宋靖康元年（1126年）改名雄定关，元末亦名平阳关。现在人们习惯上称它为天井关，因为在关的南面有一口著名的天井。《读史方舆纪要》中记载：“关南有天井泉三所，其深不测，因名。”这天井是太行山高处一眼深不见底的天然井。说是天井，其实应该是泉眼，是垂直似井的泉眼。韩愈诗中有“是时新晴天井溢，谁把长剑依太行”之句，这说明唐时这里还有泉水溢出。然而，在旅游“大热”的今天，人们却难以再见到天井的井口，因为它已经被掩盖多年。据当地的老人说，以前曾有人用长绳绑着一只鸡，放下天井去探井深，却没能探到底，上来时鸡却没了，因此怀疑里面有什么怪物。加上恐小孩子不慎掉下去，于是就用一块大树根将井口塞住。后来旁边又长了树，井口就更是看不到了。

天井关在夏、商时属冀州。春秋（东周）属卫，战国初属韩，后属晋。周安王二十六年（公元前376年），魏、赵、韩三家分晋，复归韩。周赧王五十三年（公元前262年），“秦白起伐韩，拨野王（今河南沁阳），上党守冯亭以十七邑归赵”，天井关又归赵之上党。周赧王五十五年（公元前260年），秦、赵长平之战后归秦。秦始皇二十六年（公元前221年），划全国为三十六郡，天井关属上党郡高都县。两汉因之。三国时，属曹魏辖地。西晋因之，东晋十六国时始属汉，称太行关；继属前燕、前秦。十六国时属西燕，南北朝时属后燕，改太行关为天井关。后属北魏并州之高都。后，高都改称建兴郡。太武帝太平真君九年（448年），建兴郡改称高都郡，移治今晋城市区。文成帝和平五年（464年），高都郡复称建兴郡。孝昌后分并州置广州、建州等州。建兴郡于孝庄帝永安二年（529年）改称建州，移治高都（今泽州县高都镇）。县隶移治不恒，天井关属高都如故。东魏，天井关属高都郡。公元550年，高欢之子高洋篡夺东魏政权建立北齐，天井关属北齐所有，隶高都郡。建德六年（577年），北周攻灭北齐，占领齐地，天井关归北周高平郡。隋文帝开皇十八年（589年），建州改名丹川县，属泽州。天井关属泽州之丹川县。隋炀帝大业三年（607年），泽州改名长平郡，天井关属长平郡丹川县。唐高祖武德九年（626年）撤销丹川县，改为晋城县，天井关属晋城县。唐太宗贞观元年（627年），泽州由端氏移治晋城，辖晋城、高平、濩泽、陵川、端氏、沁水六县，天井关属泽州之晋城县。唐玄宗天宝十五载（肃宗至德元年，756年）十二月，置泽潞节度使，驻潞州。天井关属泽潞节度使。唐代宗大历元年（766年），泽潞军与原驻相州（今河南安阳）的昭义军合并，称昭义军，驻潞州。天井关属昭义军。五代初，泽州归后梁，继属后汉。广顺元年（951年），郭威篡后汉立后周，天井关旋为后周所有。宋太祖建隆元年（960年），亲征李筠，陷泽州。天井关属宋之泽州。宋高宗建炎二年（金太宗天会六年，1128年），金改泽州为南泽州。宋英宗治平年间，复晋城县，天井关属晋城县。金宣宗贞祐二年（蒙古太祖九年，1214年），以泽州属昭义军，隶孟州。必兰阿鲁带以为："其州城郭坚完，器械具备，若屯军数千，臣能保之。今议迁于青莲寺山寨，距州既远，地形狭隘，所容无几，一旦危急，所保者少，所遗者多，徒弃名城，以失太行之隘，则沁南、昭义不通关矣"（清光绪版《凤台县志》），又改隶潞州。天井关随属之。金宣宗元光二年（蒙古太祖十八年，1223 年），改泽州为忠昌军，置节镇。天井关属忠昌军。蒙古世祖至元三年（1266 年）撤销忠昌军，仍名泽州。明太祖洪武元年（元顺帝至正二十八年，1368 年），撤销晋城县，辖地归泽州，隶平阳府。明太祖洪武九年（公元1376 年），泽州直隶山西布政司，领高平、阳城、陵川、沁水四县。天井关属泽州。清世宗雍正六年，升泽州为府，隶冀宁道，原州辖地设凤台县，天井关属凤台县。清高宗乾隆时，天井关属凤台县五门乡武城都甘泉里九甲。清德宗光绪年间，凤台县分四乡，天井关属南乡。1914 年废泽州府，改凤台县为晋城县。天井关属晋城县。1935 年，阎锡山实行"村本政治"，改里甲制为行政编村制，天井关改为行政村。抗日战争时期，日军盘踞在拦车（山西一地名），天井关为日军控制。1948 年春，陈毅自河南焦作来晋城，建议太岳区党委，晋城应当建市。10 月，晋城市委、市政府成立，天井关属晋城市。1949 年 8 月 14 日，晋城市撤销，并入晋城县，属长治专区。天井关仍属晋城县。1983 年 8 月 16 日，经国务院批准，撤销晋城县，设晋城市，为省辖（县级）市。天井关属晋城市晋庙铺人民公社。1984 年 3 月，撤销人民公社，改设乡镇，各村改为村民委员会。晋庙铺人民公社改为晋庙铺镇，天井关分属晋庙铺镇、大箕乡、南河西乡。1985 年 5 月 26 日，经国务院批准，撤销晋东南地区，实行市管县体制，升晋城市为省辖地级市，并设立城区和郊区。天井关属晋城市郊区晋庙铺镇。1995 年 8 月，经国务院批准，撤销晋城市郊区，设泽州县，县治南村镇。天井关属泽州县晋庙铺镇。

天井关村（俗名"关上"）是一个南北狭长的古村落，关城早已不存，只有一街中通关门，"天井関"三个楷书大字赫然于门洞之上。关门分上下两层，来往行人从门洞出入。虽然略显简陋破落，但仍不失威严厚重。关上至今仍留存玉皇、关帝两座古庙，据说还有一座文庙，规模不小，可能始建于东汉建宁二年（169 年），但在抗日战争期间被日军烧毁，日军还用其残砖碎瓦修筑了炮台，现在天井关千年古槐下仍残留着日军炮台。

关北一座小山包（俗称“沿村谷堆”）名“擎关顶”，海拔 960 米，是天井关的制高点。站上擎关顶一览众山小，方知为何逐鹿中原者一定要夺取上党，而夺取上党一定要夺取天井关。

擎关顶上是一座颓毁的烽火台（当地人叫它“烟墩”），台子的顶端生长着一棵四面很远就能望见的千年古树，成为天井关的天然标志。

肠坂道就是如今天井关村南北狭长近两公里的古街。当年的古道如今已有不少被覆以水泥或压在街旁的房屋之下，只有在两房相邻的空地上还能找到部分青石路面和路面上深深的车辙。

天井关南面是拦车村，相传孔子当年驾车至此，有孩童当道，孔子的弟子下车请其让道，孩童说：“我们在（用沙）筑城，你见过城让车的吗？”如

天井关现存关门

今这里仍有一碑，上刻“孔子回车”。

天井关周围峰峦叠嶂，沟壑纵横，古隘丛峙，地势险峻。星轺驿、小口隘、碗子城都是天井关所辖的重要关隘。横望隘和小口隘，位于天井关城以南12千米处的太行绝顶，为晋豫古道上的重要关口。横望隘也叫大口隘，因唐朝宰相狄仁杰自汴州迁并州路经此地时，登山遥望，白云孤飞，便想起留在河阳的父母而怀情吟诗，泽州太守为之刻石纪念，横望隘因此得名。相传北宋大将孟良曾在此筑寨，把守关口，故曰孟良寨。现寨址尚存，还留有建寨碑记。

小口隘位于小口村南的山梁上，两边山岭高峻，崖悬沟深。北宋大将焦赞在此修筑城寨，防守关口，故曰焦赞城。时隔千年，焦赞城已不存，而孟良寨由于修筑坚固，至今整体寨墙仍屹立在太行山的高岗上。

由横望隘、小口隘往南数公里，就是中原南上的险要古道——羊肠阪。羊肠阪蜿蜒于崇山峻岭之间，所经之处瀑布悬流，峭壁鸿沟，峻险异常，道路极其难行。因此，天井关在历史上曾有“一夫当关万夫莫开”之说。

白居易当年曾行走于古羊肠坂小道，由于道路艰险行走困难，使他深感不便，因此写下了《初入太行路》的诗文对此进行描述：“天冷日不光，太行峰苍莽。尝闻此中险，今我方独往。马蹄冻且滑，羊肠不可上。若比世路难，犹自平于掌。”

由羊肠坂而上，便是天井关最

天井关孔子回车碑

南的第一道屏障——碗子城。该城修筑于唐初，是历代镇守天井关的驻兵之地。城廓依山崖而建，规模不大，是一座由青石砌成的圆形城池，占地一亩左右，远看像一个饭碗扣在羊肠坂上，城池因此而得名。太行古羊肠坂穿城而过，呈现出“一夫当关，万夫莫开”的扼守之势，历来是兵家必争之地，战略位置十分重要。宋代初年，太祖赵匡胤御驾亲征泽州，破碗子城，遇山石阻路，不能通行，便先于马上负石，六军皆效仿之，即日平石为大道，遂至泽州大败李筠。后来元代军队攻陷晋宁路，明代大军取怀庆，攻泽州、潞州，均先克此城，而后进军北上。如今，千年的烽火狼烟早已散尽，当年的碗子城已是垣倒墙坍，一片苍凉。但耸立于太行山巅的城墙、寨门，仍在荒草枯树中雄视着人世间的风云变幻。

天井关是中华民族的历史丰碑，也是浩瀚的文化长廊。历史上曾登临过天井关的古代帝王有13位，著名将领、大臣、文学家、史学家和文人墨客达上百位。他们的到来，不仅为古隘驿亭增添了无限的光彩，而且还留下了大量珍贵的诗文和碑刻。这些诗文，向我们形象地展示、描绘了天井关的自然风光和当时的社会场景，是难得且厚重的历史文化遗产。此外，在天井关以南的山谷中，还有十分秀美的山水景观和人文景观。既有传说该镇铁店村人铁拐李当年离家修仙的古洞，还有群山环绕、孤峰丛立、风景幽雅的大月寺、小月寺。这些景观，都将成为晋庙铺镇实施兴镇富民，开发旅游产业的宝贵资源。

## 锦阳关

锦阳关，春秋战国齐长城三大重要关隘之一，位于文祖镇三槐树村与上游镇娘娘庙村之间的章丘、莱芜边界上。从美丽的“小泉城”章丘乘车沿省道二四二线南下，穿越古“广宗县”（今文祖镇）遗址，再向南十公里便是文祖镇大寨村了。此村文化历史悠久，春秋战国时期是齐国的兵营大寨，因而得“大寨”之村名。再往南一公里，便来到了古代齐鲁边界。路边有一巍然屹立、雄伟壮观的古建筑，下为通道、上有阁门，并设有瞭望台。这便是齐国要塞“锦阳关”。

锦阳关也叫通齐关，原为石筑拱形门，高6米，门洞宽4米，进深8米。门上方在长2米、宽50厘米的青石上阳刻40厘米×35厘米的“锦阳关”三个大字。关上平台四周筑有垛口，平台上有关帝庙，内有彩塑数尊。

站在锦阳关阁楼向东瞭望，长城已荡然无存，只有从残留的碎石上还可看出城墙遗迹；往西北看，齐长城蜿蜒起伏、绕岭盘山，隐蔽于狭涧，耸立在峻峰，向云雾里伸延。似银蛇摆尾，又如巨龙腾空。齐长城始建于何年？历史记载颇有分歧。据1928年济阳县出土的编钟铭文，有周烈王二十二年（公元前404年）“晋人伐齐入长城”之记载。由此可见，公元前404年便有了齐长城，而长城始建至少还要提前100多年。因齐长城西起防门（平阴古城南三里）东至黄岛（青岛小珠山），蜿蜒千里有余，又是缘山而筑，而齐国

锦阳关齐长城遗址

作为一个诸侯国不可能在几十年内完成这么浩大的工程。齐长城西端起于防门，据记载春秋时期防门便有防御工事，正因“防御工事”而此地得名“防门”。史记，公元前555年，晋、鲁、郑、宋等十二诸侯国联合伐齐，“齐国集兵平阴，堑防门而守之广里”（“广里”今在长青县境内）得胜。经过此战，齐国深知防御工事之重要，便开始在交通要道、山洼之处筑城墙防御。到齐宣王时代，南方楚国先后消灭了鲁、莒等国，成为雄霸。齐为防楚国，将断断续续的长城连接修筑，形成了蜿蜒千里有余、令各诸侯国谈而生畏的齐长城。《史记正义》引《齐记》载：“齐宣王乘山岭上筑长城，东至海西至济川，千余里以备楚。”据以上所说，齐长城应为春秋时代始建，齐宣王时代完工的。

清咸丰十一年（1861年），为抵御“白宛寇”入侵，将锦阳关一带齐长城重新加修，现在关西至大厂村北山一段有756米城墙较完整，高5～6米，

锦阳关

垛口、瞭望孔都较完整。关东 2200 米城墙保存也较好，残高 2.5 米。锦阳关于 1938 年日寇侵华时毁于战火，关址现为莱芜至章丘公路占用，路边有章丘县立“齐长城”标志碑。

关之东 700 米处的山头上有烽火台遗址，俗称烟火台。山头周围有环墙遗址，东至鲁地村北，有保存较好的锦阳关东便门，为齐鲁百姓往来而设。门为石砌拱形，高 2.8 米，内宽 2 米，进深 3.3 米。便门两侧有城址，长 1150 米，西侧高 1.2 米，宽 2 ~ 4 米；东侧高 2.5 ~ 4.2 米，外墙宽 0.8 米，内设站台，总宽度为 4.2 ~6 米。

从关城自西而东，跨越俏丽的四指山、胡多萝寨，即可看到抬头山城堡：筑于勺形峰巅，寨墙沿崖而建，宽 1 ~ 2 米，高 2 ~ 5 米；辟东西寨门，均有双重城墙加护；东门宽 1.5 米，墙厚 1.3 米，西南门在勺把把端；城内东西长 70 米，南北宽 38 米，较平坦的勺把长 30 米，内有多处房屋遗址。

关之西北，章丘境内的十字岭西山有团城式城堡，内径 55 米，外墙高 5.2 米，内墙高 3 米，宽 2.5 米，站台高 1 米左右，台阶清晰可见；城门向东南，隐于城墙交错的拐尺门之内，高 1.6 米，宽 1 米，进深 2.1 米；拐尺门向南，高 3.1 米，宽 1.3 米，墙厚 1 米。远望之不见其门，极为隐蔽。

其城堡之西北千余米处的半岛状石灰岩险崮上也有城堡：前崖宽 18 米；后崖赫然突起，南北长 50 米，东西宽 25 米 ~ 30 米，沿崖边筑墙，宽 2 米，高 4 米 ~6 米；城内依墙建石屋；城无门，仅在面南的高墙上设两个瞭望孔，可观察长城内山坡上的动向；山膀上有石屋及烽燧遗址。

这一带长城遗址至今仍保存较好。登上门楼，向两边瞭望，古长城依山而筑，蜿蜒如长龙。西面一侧墙体较高，有一部分连垛口都完整如初，据称此段城墙是清咸丰、同治年间为抵御捻军重新加修而成的。而锦阳关城楼原址早被公路所占，现城楼为 2000 年依原样修筑的。路边巨石上镌刻的“锦阳关”三字颇有点气势磅礴的神韵。

中国历史上著名的长勺之战、艾陵之战、赢之战均发生于锦阳关和青石关一带。据说春秋时期，齐桓公刚即位不久就兴兵伐鲁，当时齐强鲁弱，两军决战于锦阳关一带。鲁军因有著名军师曹刿出谋划策，让气势汹汹的齐军“一鼓作气，再而衰，三而竭”，鲁军则“彼竭我盈”，迅速反击，他们士气高昂，锐不可当，把齐军打得七零八落，溃不成军。这就是著名的“长勺之战”。二百年后，又一场大战在此拉开了帷幕，这次交战的双方是齐国和吴国。他们为了称霸天下，各自投入十万雄兵。一时间，旌旗猎猎，硝烟滚滚，人仰马翻，血流成河。结果是齐国因战术得当，后发制人，取得了最后的胜利。可是，这场劳师远征却耗尽了吴国的国力，给了一直心怀叵测的越国以可乘之机，吴国没有灭掉齐国，自己却被越国灭掉了。此战在历史上被称为“艾陵之战”。

## 黄石关

黄石关位于今山东省章丘与莱芜边界的东段，关北是章丘阎家峪乡三台村，关南为莱芜茶叶口乡上王庄。它是齐长城莱芜段自西入境第四个关口，因建于茶业口镇上王庄村黄石崖而得名，关下有河流自章丘入莱芜境，将齐长城截断。关城左右都是海拔600米以上的陡峭山岭，山岭上建有团城。光绪《山东通志》卷四十九说：莱芜“黄石、青石二关，不容车马。”可见其是何等险要。

黄石关的建筑处在东西两山之间的谷地，关旁是石峰突起的黄石崖，崖下是自北向南汩汩流淌的沙河水，沙河东现为莱芜茶叶口至章丘普集公路，关址虽无遗存，但从关旁的黄石崖我们依然能约略看出关城往日的雄姿。黄石崖是通体黄褐色的绝壁，迎面给人一种强烈的肃杀之气。整个崖壁几乎是垂直的，上面寸草不生，崖壁上斧劈刀削般的坚硬线条与周围平缓柔和的山包形成了强烈对比。齐长城与险峻的崖壁遥遥相望，道路就在两者的夹缝之中，黄石关的险要由此可见一斑。怪不得在当地百姓中会流传这样一句话：

“走过九关九口，不敢从黄石关走一走”。

黄石关东侧1800米处是瓦岗寨（山）遗址。该遗址东西宽12米，南北长31米，寨墙残高2米，宽1米，寨门尚存。黄石关西侧1000米处为北寨（山）遗址。该遗址南北约百米，东西宽30米，寨墙残高2米，宽0.9米，寨门尚存。黄石关长城除关址处城墙被破坏200米外，其两侧各有千余米石砌城墙保存较好，这段城墙残高1.5米至2.5米。

黄石关齐长城遗址

黄石关长城也与孟姜女的传说有着密切关系，因此在关城附近有孟姜女庙、孟姜女坟、孟姜女衣冠冢，不过现在都已不复存在。2008年，在上王庄村发现有一块明代石碑，该碑位于齐长城黄石关南侧，系明洪武戊申年（1368年）所立。碑呈长方形，高1.3米，宽0.7米，厚0.1米。碑额上阴刻着“孟姜女纪铭”，碑文清晰地记述了“孟姜女哭长城”的故事。据碑文记载，孟姜女系黄石关北的章丘孟家峪村人，其夫范喜良为黄石关南的上王庄村人。其实，关于孟姜女哭倒万里长城的故事人们虽然熟知，但她到底哭倒的是哪段长城却一直存在着争议，在许多长城隘口的故事中都涉及了这个故事。“孟姜女纪铭”碑的出土无疑为这个传说的确切地点提供了明证。

## 知识链接

### 孟姜女纪铭

孟姜女，籍孟家峪也，其名由父孟姓母姜姓合二而成。闻秦一统六国，四海升平，齐长城南北战事不再，贸易频仍，城南王庄范友善与城北孟家峪孟诚信相识弥久，则成刎颈之交。是时，二者妻皆孕，即指腹为婚。翌年，果生男女，遂结秦晋。时值二九，欲完婚。然范友善之子范喜良为避天降之祸，无奈易名万杞良，赴幽州筑秦长城。月余，饥寒而故，掩于城体。可怜城墙之骨，犹春闺所梦之人。孟姜女思夫心切，以孱羸之身千里寻夫。至城下，闻夫故，恸哭感天，长城塌大段，遂露夫尸。孟姜女抱尸万念俱灰，欲赴黄泉。然嬴政见其貌美，欲纳其为妃。孟姜女则誓死违拗，计脱魔爪，而后纵身东海。幸为渔人救，乃返故里。未久郁郁而终，葬于范田，竟圆同穴之梦。世人皆叹曰：真烈女子也！草夫野老感其冰清玉洁、笃情忠贞，亦为警后辈，故勒石纪铭，当万古流芳矣。明洪武戊申南王庄众民立。

## 阳关

因着王维的一句“劝君更尽一杯酒，西出阳关无故人”，人们记住了阳关。但也许真正了解阳关的人并不多。

阳关位于甘肃省敦煌市西南的古董滩附近，是我国古代陆路对外交通咽喉之地，是丝绸之路南路必经的关隘。西汉置关，因在玉门关之南，故名

"阳关"。汉元封四年（公元前107年）左右，曾设都尉管理军务，自汉至唐，一直是丝路南道上的必经关隘。历史的久远使关城烽燧少有遗存，据《元和郡县志》载："'阳关'，在县（寿昌县）西六里。以居玉门关之南，故曰阳关。"宋代以后，因与西方和陆路交通逐渐衰落，关遂废圮。古董滩因地面曾暴露大量汉代文物，如铜箭头、古币、石磨、陶盅等而得名。《西关遗址考》谓古董滩是汉代以后的阳关。但据清《甘肃新通志》及《敦煌县志》认为，红山口即阳关。

1943年，专家在古董滩考察时写道："今南湖西北隅有地名古董滩，流沙壅塞，而版筑遗迹以及陶片遍地皆是，且时得古器物如玉器、陶片、古钱之属，其时代自汉以迄唐宋皆具，古董滩遗迹迤逦而北以迄于南湖北面龙首山俗名红山口下，南北可三四里，东西流沙湮没，广阔不甚可考"。1972年，酒泉地区文物普查队于古董滩西14道沙渠后，发现了大量版筑墙基遗址，随后组织相关部门进行了考古发掘工作。工作人员在挖掘测量后发现，这里的房屋基础排列清晰整齐，附近有断续宽厚的城堡墙基。专家考证后认为，从古董滩遗迹现场及文物分布情况来看，古时候这里曾经是一个十分繁华的地方。这次考古发现与《新唐书·地理志》及敦煌遗书《沙洲图经》等史料记载的

阳关遗址

汉代阳关位置相符合，据此，专家认为现在的古董滩就是古代阳关的关城所在地。

古董滩古董非常多，所以当地人才有“进了古董滩，空手不回还”之说。沙滩上的古董为什么多呢？相传唐天子为了和西域于阗国保持友好和睦关系，将自己的女儿嫁给了于阗国王。公主下嫁，自然带了好多嫁妆，金银珠宝，应有尽有。送亲队伍带着嫁妆，经长途跋涉来到了阳关，便在此地歇息休整，做好出关准备。不料，夜里狂风大作，黄沙四起，天昏地暗。这风一直刮了七天七夜。待风停沙住之后，城镇、村庄、田园、送亲的队伍和嫁妆全部埋在沙丘下，从此，这里便荒芜了。天长日久，大风刮起，流沙移动，沙丘下的东西露出地面，被人们拾捡。当地人曾在这里捡到过金马驹和一把精致的将军剑。这个传说是野史还是正史，不得而知。

据史料记载，阳关始建于汉武帝元鼎三年（公元前114年），距今已有2000多年。汉武帝刘彻为抗击匈奴、经营西域，在河西走廊设置了武威、张掖、酒泉、敦煌四郡，同时建立了阳关和玉门关，即“列四郡，据两关”。从此，阳关作为通往西域的陆路交通咽喉之地，成为“丝绸之路”南路必经的关隘，有着极其重要的战略地位。自西汉以来，许多王朝都把这里作为军事重地派兵把守，多少将士曾在这里戍守征战；多少商贾、僧侣、使臣、游客曾在这里验证出关；又有多少文人骚客面对阳关，感慨万千，写下了不朽诗篇。高僧玄奘从印度取经回国，就是走丝路南道，东入阳关返回长安的。

阳关古塞何以建在这片荒漠之中？考古学家经研究发现，阳关占有“一夫当关，万人莫开”之险要地势。附近在古代又水源充足，渥洼池和西土沟是最大的独立水源，至少在三四千年前这里便已成绿洲盆地，有发达的火烧沟文化；汉唐时期，阳关军士即借此水而生息。西土沟平时上游干涸，下游有泉水汇成小溪北流，时有山洪暴发。洪峰过后，沟岸纷纷塌落，河床加宽，大量泥沙顺流而下，遂在下游沉积。泥沙在西北风吹扬搬运下，形成条条沙垄，阳关古城逐渐被水毁沙埋。

如今，昔日的阳关城早已荡然无存，仅存一座汉代烽燧遗址，耸立在墩墩山上。依靠着这座墩墩山，远近百里即可尽收眼底。墩墩台处在阳关的制高点，它是阳关历史唯一的实物见证。

汉武帝时期，匈奴和汉朝的战争频繁。为了抵御匈奴人的频频侵扰，汉朝沿长城修建了“五里一燧，十里一墩，三十里一堡，百里一城寨”，号称“烽燧万里相望”。从敦煌出土的汉简《塞上蓬火品约》中，对于烽燧报警的信号就有着详细记载。

古代阳关向北至玉门关一线有70公里的长城相连，每隔数十里即有烽燧墩台，阳关附近亦有十几座烽燧。尤以古董滩北侧墩墩山顶上称为“阳关耳目”的烽燧最大，地势最高，保存比较完整。

据阳关博物馆馆长纪永元介绍，烽燧的建造年代在公元前104年左右，原来的高度约8米左右，现在由于风蚀，最高处仅余4.8米。这座烽燧能留存至今，除了与当地干燥的自然环境有关外，还有一个特殊原因，那就是运用了现代“钢筋混凝土”技术。“烽燧的建造是因地制宜，有些完全用的是石头，有些就用土基，一般来讲用芦苇，一层一层的，还有红柳、胡杨，里面还打上了拉杆，芦苇除了起到一个像现在钢筋混凝土拉力的作用外，还起到了支撑作用。”

阳关博物馆坐落于阳关遗址北800米处，是一个融博物、旅游、遗址保护与研究为一体的综合性博物馆。整个馆址占地10万平方米，所有建筑仿汉代而建，古朴典雅，古色古香，与周围的烽燧遗址、大漠戈壁和谐地融为了一体。

为了保护阳关，让人们更深入地了解阳关的历史和文化，2000年，由敦煌书画院倡导和出资，一个以“挖掘古文化，建设新文化”为宗旨的综合性博物馆开始在阳关遗址不远处筹建。2003年8月28日上午，建于甘肃敦煌市的阳关博物馆开馆迎宾。

今日的阳关，不再有王维笔下“西出阳关无故人”的凄凉意境，反而成为一个柳绿花红、林茂粮丰、泉水清清、葡萄串串的好地方。烽火台高耸的墩墩山上，修建了名人碑文长廊。漫步在长廊里，既可欣赏当代名人的诗词书法，又可凭吊古阳关遗址，还可以远眺绿洲、沙漠、雪峰的自然风光。

## 知识链接

### 阳关三叠

《阳关三叠》，唐代乐曲，根据著名诗人兼音乐家王维的名篇《送元二使安西》谱写而成，是一首感人至深的古曲，也是我国古代音乐作品中难得的精品。由于当时演奏时曾将其中某些诗句反复演奏三遍，故名《阳关三叠》。也因为诗中有“渭城”“阳关”等地名，所以，又名《渭城曲》《阳关曲》。这首乐曲自唐代一产生就非常流行，此后一直被人们广泛传唱，有着旺盛的艺术生命力。这不仅是由于短短四句诗句饱含着极其深沉的惜别情绪，也因为曲调情意绵绵、真切动人。唐代诗人曾用许多诗句来形容过它，如李商隐的“红绽樱桃含白雪，断肠声里唱阳关”等。而且，有些诗人同王维生活的年代相距近一个世纪，可见这支曲子在唐代流行的盛况。

大约到了宋代，《阳关三叠》的曲谱便已失传。目前所见的古曲《阳关三叠》是由一首琴歌改编而成的。最早载有《阳关三叠》琴歌的是明代弘治四年（1491 年）刊印的《浙音释字琴谱》，而目前流行的曲谱原载于明代《发明琴谱》(1530 年)，后经改编载录于清代张鹤所编的《琴学入门》(1876 年)。

## 附：《阳关三叠》琴歌歌词

清和节当春，渭城朝雨浥轻尘，客舍青青柳色新。劝君更进一杯酒，西出阳关无故人！霜夜与霜晨。遄行，遄行，长途越渡关津，惆怅役此身。历苦辛，历苦辛，历历苦辛宜自珍，宜自珍。

渭城朝雨浥轻尘，客舍青青柳色新。劝君更进一杯酒，西出阳关无故人！依依顾恋不忍离，泪滴沾巾，无复相辅仁。感怀，感怀，思君十二时辰。参商各一垠，谁相因，谁相因，谁可相因。日驰神，日驰神。

渭城朝雨浥轻尘，客舍青青柳色新。劝君更进一杯酒，西出阳关无故人！芳草遍如茵。旨酒，旨酒，未饮心先已醇。载驰骃，载驰骃，何日言旋辚？能酌几多巡！

千巡有尽，寸衷难泯，无尽的伤感。楚天湘水隔远滨，期早托鸿鳞。尺素申，尺素申，尺素频申如相亲，如相亲。噫！从今一别，两地相思入梦频，闻雁来宾。

## 玉门关

我们对玉门关的感知可能都是从王之涣的《凉州词》开始的，那句“羌笛何须怨杨柳，春风不度玉门关”，带着几许苍凉，带着几许悲壮，也引发了我们对这座古老关城的向往。

玉门关，始置于西汉，当时汉武帝开通西域道路，设置河西四郡，修建了阳关和玉门关。道路修通以后，西域的和田美玉都要经此关口才能输入中原，因此得名玉门关。另外，关于“玉门关”名称的由来还有一个流传甚广的民间传说：古时候，在甘肃小方盘城西面，有个驿站叫“马迷兔”，又叫“马迷途”。这里地形复杂、沼泽遍布、沟壑纵横、杂草丛生，赶上酷暑时节，烈日当空，炎热难耐，但这里又是运玉商队的必经之路，为了避开烈日，商队常常喜欢在凉爽的晚上赶路。但夜晚的黑暗、复杂的地形常常让马队迷路，即便是识途的老马也常常会晕头转向，“马迷途”的驿站名字也因此而来。有一次商队刚进入“马迷途”就迷路了，人们焦急万分。这时商队中的一个小伙子救了一只因饥饿而掉队的大雁，大雁为了报答小伙子的恩情，把商队带出了“马迷途”。后来，商队再次在“马迷途”迷路，又是大雁给他们指引了方向，这次大雁还提醒商队，只要在小方盘城上镶上一块夜光墨绿玉，有了目标，就不会再迷路了。但商队老板舍不得价值几千两银子的夜光墨绿玉，结果第三次在“马迷途”迷了路，几天找不到水源，差点葬身在马迷途，这时那只大雁又来提醒镶嵌玉石的事，老板为了保住性命，发誓走出马迷途后一定在小方盘城上镶嵌一块夜光墨绿玉，于是大雁再次为他们指了方向。之后商队老板挑了一块最大最好的夜光墨绿玉，镶在关楼的顶端，每当夜幕降临之际，这块玉便发出耀眼的光芒，方圆数十里之外都能看得清清楚楚，过往商队有了目标，再也不迷路了。从此，小方盘城就改名为“玉门关”。

据《汉书·地理志》记载，玉门关与阳关，均位于敦煌郡龙勒县境内，在丝绸之路上分列南北，是中原与西域往来的交通要道，均有十分重要的军事作用，汉武帝设置玉门关也主要是出于军事考虑。秦汉时期，好战的匈奴对汉民族威胁很大。汉初，匈奴东败东胡，西逐大月氏，占据河西，并以河西为基地，屡犯汉境。汉王朝开始曾对匈奴采取和亲政策，希图换取暂时的安宁，但效果并不明显。汉武帝放弃了和亲政策，对匈奴发动了大规模的军事反击。元狩二年（公元前121年），骠骑将军霍去病率兵西征，沉重打击了匈奴右部。同年，汉分河西为武威、酒泉两郡。元鼎六年（公元前111年），又增设张掖、敦煌两郡，同时建玉门关和阳关。从此，玉门关和阳关就成为西汉王朝设在河西走廊西部的重要关隘。

对于汉玉门关的关址，历来看法不一。唐宋时期的一些古籍，如《括地志》《元和郡县图志》等，均认为在唐寿昌县（今敦煌市南湖乡寿昌故城址）西北59千米处。敦煌遗书《沙州图经》《沙州城土镜》《寿昌县地境》等认为在唐寿昌县北80千米处。本世纪以来，依据敦煌西北80千米许的小方盘城所出“玉门都尉”等汉简，许多学者认为该城即汉玉门关。还有人认为最早的玉门关在敦煌之东，或即汉玉门县（今玉门市赤金镇）附近，太初二年（公元前103年）李广利伐大宛后才迁到敦煌西北。近年，甘肃省博物馆、敦煌市博物馆依据敦煌马圈湾等地烽燧遗址所出汉简以及当地地形、驿道相关位置等考证，玉门关应位于临要燧东侧，玉门侯官燧（马圈湾）西侧，似在小方盘城西11千米的马圈湾遗址西南0.6千米处，通往西域的古驿道从此高地中间穿过。但关城遗址尚未找到，或已毁坏无存。以上尽管看法不一，但均认为汉玉门关位于敦煌西北，敦煌汉长城沿线烽燧遗址所出大量的简牍亦证明了这一点。

汉玉门关，俗称小方盘城。小方盘城北距西汉塞墙3千米，是西汉玉门都尉、东汉玉门障尉治所。关城平面呈方形，南北长24.4米，东西长23.6米。城墙为夯土建筑，厚4米。北墙现存最高10.05米。玉门关建成早期开北门，晚期北门封闭，开西门。城北50米处有一座土丘，土丘上和土丘西坡地窖中，曾出土汉简93枚。城西为东汉时新筑的南北向塞墙。

在小方盘城东北约11千米，还有一座大方盘城。大方盘城北距疏勒河1.2公里，是汉代仓储遗址。关城平面呈长方形，东西长134.8米，南北宽18米，有内外两重围墙。残墙最高7.6米。城内有仓库三间，南北墙上下各有一排对称的三角形通风孔。仓库内外及其附近，曾出土过汉简和西晋泰始十一年（275年）刻石。在当时，大方盘城大概是玉门关的物资储备仓库。

据小方盘城城西11.5千米处，还有一座马圈湾烽燧，位于马圈湾与盐池湾之间的戈壁走廊上。马圈湾烽燧距塞墙3米，烽燧平面为长方形，底部长8.35米，宽7.6米，残墙高1.87米。东南角砌有登顶台阶。烽燧城堡早期筑于烽燧东侧，堡门西开，堡内有过道和套房三间，房内均有炉灶。被火焚毁后废弃，改筑于烽燧南侧，门向南开。堡南22.3米，有东西向的长方形牲畜

玉门关残垣

圈，其他遗物 300 余件。据分析，此遗址为西汉玉门关侯官治所。

隋唐时，玉门关关址由敦煌西北迁至敦煌以东的瓜州晋昌县境内。唐慧立彦棕撰《大慈恩寺三藏法师传》《隋书·西突厥传》《元和郡县图志》等均记载称玉门关在瓜州晋昌县境。据此，学界普遍认为隋唐时期的玉门关位于锁阳城北 30 千米处，即安西县城东 50 千米处的疏勒河岸双塔堡附近，此地位于汉玉门关东侧，与其距离约 240 公里。这里正处交通的枢纽地位，东通酒泉，西抵敦煌，南接瓜州（锁阳城），西北与伊州（哈密）相邻。且傍山临河，地势险要。其四周山顶、路口、河口要隘处今仍存古烽燧 11 座，如苜蓿烽、乱山子七烽等。

关址于 1958 年修建双塔水库时被淹，每年冬季枯水时可露出水面。关墙已坍，夯筑，残宽 3.5 ~4 米，残高 0.3 ~0.75 米，南北 160 米，东西 155 米，开东、西二门，四周环以护城河。关墙内外散落着大量素面灰陶片、碎砖块、花岗岩石条、残石磨等，均系隋唐时期遗物。隋唐玉门关之所以往东迁往瓜州，主要是因为伊吾路的开通。伊吾路是由瓜州经玉门关径趋西北直达伊州（今哈密）的道路，此路之名始见于北周。《周书·高昌传》中说："自敦煌向其国多沙碛，道里不可准记，唯以人畜骸骨及马粪为验。又有怪异。故商旅来往，多取伊吾路云。"这条道路在敦煌唐人写卷中又称之为"第五道"。它的开通使瓜州与伊州直接连通起来，无须再绕行敦煌，大大缩短了路程，玉门关自然亦随之东徙瓜州。

到了五代宋初，玉门关又东移至今酒泉城西不出百里的地方，应该是位于今嘉峪关市界内，在安西县双塔堡东侧，距双塔堡大约 200 千米，这已被多处文献记载所证明。酒泉城西 35 ~50 千米地方正是嘉峪关黑山的所在（位于明代嘉峪关城楼西北 7.5 千米），该山系走廊北山的一部分，山体平地拔起，横亘于走廊平原之上，相对高度一般为 200～500 米。山体南部有一条东西延伸的天然峡谷，长约 10 千米，宽 80～120 米，南北两侧山岩壁立，陡不可上，地势险峻，今名石关峡或水关峡。峡内有大道，可通车马，成为古代由酒泉西出的要道。峡中还有一股名为红柳沟的泉水由西向东流去，泉水自南北两山崖间渗出，汇为水流，遂为穿越石关峡的沿途行旅提供了良好的补给水源。古代在干旱戈壁地区行进，沿途人畜水源补给为最重要的问题之一。由肃州西行一日恰可得到红柳沟泉水的补给，因而石关峡也就成为了十分理想的必然通道。玉门关关城遗址设于石关峡东口，现已毁坏殆尽，仅存一些残迹。

自北宋仁宗景有三年（1036 年）西夏占领整个河西走廊后，玉门关就从史籍上销声匿迹了。现在前往玉门关景区，我们仅能看到一望无际的戈壁沙滩上的断壁残垣，但这并不会影响我们对玉门关的遥想，更不会湮没玉门关在中国古代交通史上的辉煌地位。

## 第二节
## 明长城上的关口

历史的车轮行驶到明朝，我们首先看到的是明朝与北方蒙古部落紧张的关系，双方战争不断。为加强北边防御，明朝政府陆续在北边修建了绵延万里的边墙，即万里长城。明长城东起鸭绿江畔辽宁虎山，西至祁连山东麓甘肃嘉峪关，从东向西行经辽宁、河北、天津、北京、山西、内蒙、陕西、宁夏、甘肃、青海十个省（自治区、直辖市）的156个县域，总长度达8851.8千米。其中，人工墙体的长度为6259.6千米；壕堑长度为359.7千米；天然险长度为2234.2千米。

明前期的长城工程主要是在北魏、北齐、隋长城的基础上，“峻垣深壕，烽堠相接”,“各处烟墩务增筑高厚，上贮五月粮及柴薪药弩，墩旁开井……”，“自长安岭（今宣化境内）迤西，至洗马林（今山西天镇），皆筑石垣，深壕堑”（《明会要·边防》），即增建烟墩、烽堠、戍堡、壕堑，局部地段将土垣改成了石墙。修缮重点是北京西北至山西大同的外边长城和山海关至居庸关的沿边关隘。

明中叶（1448—1566年）长期的大规模兴筑。“土木之变”以后，瓦剌、鞑靼不断兴兵犯边掳掠，迫使明王朝把修筑北方长城，增建墩堡作为当务之急。百余年间建成9个长城重镇，即延绥镇、宁夏镇、固原镇、甘肃镇、大同宣府镇、内蒙古鄂托克前旗、山西镇、蓟镇、辽东镇边墙。

明后期（1567—1620年），隆庆、万历之际，蒙古族俺答部与明王朝议和互市，北方边境稍安，边患主要来自东北的女真族，这时明朝廷主要是对原有长城进行重建或改线。

明长城关城是出入长城的通道，也是长城防守的重点，建砖砌拱门，上筑城楼和箭楼。一般关城都建有两重或数重，其间用砖石墙连接成封闭的城池，有的关城还筑有瓮城、角楼、水关或翼城，城内建登城马道，以备驻屯军及时登城守御。关城与长城是一体的。

城堡按等级分为卫城、守御或千户所城和堡城，按防御体系和兵制要求配置在长城内侧，间有设于墙外者。卫、所城之间相距百余里，卫城周长6~9里，千户所城周长4~5里，砖砌城墙，外设马面、角楼，城门建瓮城，有的城门外还筑有月城或正对瓮城门的翼城，以加强城门的控守。城内有衙署、营房、民居和寺庙。卫、所城与长城的距离或近或远，视长城内位置适中，地势平缓、便于屯垦的地方而建。堡城或称边堡，间距5千米左右，城周0.5~1.5千米，砖包城垣，开1~2门，建瓮城门。城内有驻军营房、校场、寺庙，边堡同长城的间距一般不超过 5 千米，遇警时可迅速登城。

## 山海关

山海关以“天下第一关”而著称于世。它坐落在河北省秦皇岛东北，是中国华北与东北交通必经的关隘。山海关北倚峰峦叠翠的燕山山脉，南邻波涛汹涌的渤海湾，“山海关”之名也因此而来。在燕山山麓的长城之上，山海关城楼雄伟，依山傍海。在远古时期，山海关属幽州碣石，是连接中原与东北少数民族政治和经济的交通要道。到了中古时期，山海关则因其地扼东北通向华北的咽喉的重要地理位置而成为兵家争夺的战略要地。山海关筑城建关是在明太祖时期，当时明太祖下令建造山海关，地理位置重要，而且地势险要，修筑精巧，因此有“两京锁钥无双地，万里长城第一关”之誉。

山海关由关城、东罗城、西罗城、南翼城、北翼城、威远城和宁海城七

山海关

大城堡构成，居中的关城在其他城堡的围绕下，形成了一幅众星拱月图。关城四周有高大坚实的城墙，城墙长 4769 米、高 11.6 米、厚 10 余米，气势十分宏伟。城墙外有护城河环绕，护城河宽 16 米、深 8 米。关城的东、西、南、北分别建有城门，城东南隅、东北隅分别建有角楼，城中间建有雄伟的钟鼓楼。山海关是明代创建“卫所兵制”的产物，明代的“屯田制”和改革政策又对山海关的巩固和发展起到了重要作用。

山海关关口为一长方形城台，东西方向，城台东侧为关外，西侧为关内，城台南北与长城相接。在城台的中部，有一座巨大的砖砌拱门，可以开闭。城台上筑有一座两层的重檐九脊布瓦顶箭楼，楼高 13.7 米，南北长 20 米，东西宽 10.1 米，建筑面积 198 平方米。楼上下两层的外檐桁枋饰明代彩绘，西面下层中间辟门，上层三间均为木制隔扇门。东南北三面有箭窗 68 个，平

山海关东城楼

山海关长城鸟瞰

时以木帛朱红窗板掩盖，板上有白环，中有黑色靶心，同彩绘桁枋相隔配合。

箭楼二层正面额枋前悬有巨幅匾额，上书“天下第一关”五个大字。匾上沉雄有致的笔力，与山海关地势相称，大有镇关之风，为关口增添了几分威严和光辉，把城楼点缀得更加气魄宏大、雄伟壮观。

此匾为萧显所书，据说，当年萧显的邻居孤老为他磨了七天七夜的墨，盛放于水缸内。他写“一”字时，用绳子把头发扎成一把“绳刷子”，然后以发代笔，蘸饱浓墨，猛一抬头，将长发一甩，浓墨不偏不倚，正甩在铺好的宣纸上，接着一挫、一拖、一顿，一个“一”字就写出来了。此说虽无实据，但却为这古老威武的关城平添了几丝情趣和韵味。

如今，踏上山海关东门城楼，就可以看到笔力顿挫凝重、雄劲浑厚的“天下第一关”匾额。匾额上的五个字高达 1.6 米，整体艺术风格与关山险隘的建筑格局十分谐调，使整个城楼显得更加奇特俊秀。登上“天下第一关”城楼，南眺渤海，白浪滔天，烟波浩渺；北望长城，蜿蜒起伏，气势磅礴。

而那绵延起伏的城墙，威严高耸的敌楼、烽火台，陈列在城楼内寒光闪闪的盔甲兵器，更给人关高城重、壁垒森严之感，让人恍若置身于古战场之中。

## 知识链接

### 孟姜女哭长城

一提到山海关，提到长城，人们往往会想到千里寻夫、哭倒万里长城的孟姜女，在山海关城东的凤凰山山顶建有孟姜女庙，庙内供有孟姜女塑像，她身着青衫素服，面带愁容遥望着南海，仿佛在寻觅，在悲泣。千百年来，孟姜女哭长城的诗文、戏曲、传说、唱本广泛流传，给长城古关增添了悲壮色彩。

曹操曾在诗中吟出“东临碣石，以观沧海”的名句，可一直以来人们都不知道这“碣石”到底在哪里。1986 年，在山海关外 15 公里处濒临渤海的绥中县万家乡发现了六处秦汉大型宫殿遗址群。无独有偶，在山海关西南北戴河区横山南边也发现了一组大型建筑的遗址。据考察推断，这两面三山处遗址很可能是秦始皇东巡时的行宫。秦始皇行宫遗址的发现，使“东临碣石”的千古之谜也被揭开。距绥中县秦代行宫遗址旁的海岸线仅四百米的海中有一块巨大的礁石，人们一度称其为“姜女坟”，据考古学家考证，“姜女坟”就是历史上赫赫有名的“碣石”。这一发现，使山海关胜境更增魅力。

万里长城是中华民族智慧和血汗的结晶，而山海关长城则是万里长城的重要组成部分，是举世闻名的长城入海处。山海关建关设卫以来，商贾往来频繁，经济贸易活跃，对于发展民族之间的友好往来、促进经济文化交流，保卫首都、巩固明王朝的统治起到了重要作用。无论是从规模、布局还是结构上看，山海关都是中国古代建筑史上所罕见的，它也是万里长城的精华所在，是中国古代城市建设宝库中不可多得的一部杰作。

作为军事要地，在山海关的战火硝烟中，最令人难忘的就属李自成与吴三桂、多尔衮的山海关战役了。时值明末，李自成的大顺军攻入北京城，明朝末代皇帝崇祯帝朱由检自缢。从表面上看，李自成统治天下似乎已成定局，但实际上在北方的满清政权正虎视眈眈地窥伺中原，试图与李自成一争天下的统治权。

在这种政局下，一部分明朝旧臣归顺了李自成，还有一部分明朝旧臣则投向了满清政权。而吴三桂作为驻守山海关的明朝旧部，他的去留成为大顺与满清争夺天下的一个关键。其实，此时的吴三桂既接到了大顺的游说，也接到了满清的劝降。他的亲眷都在李自成接管的北京，而他的舅舅祖大寿和哥哥吴三凤则投降了满清。因为有较大的回旋余地，所以吴三桂一直犹豫不决。但在李自成攻陷北京后，吴三桂考虑到自己的亲眷都在京城，怕自己归

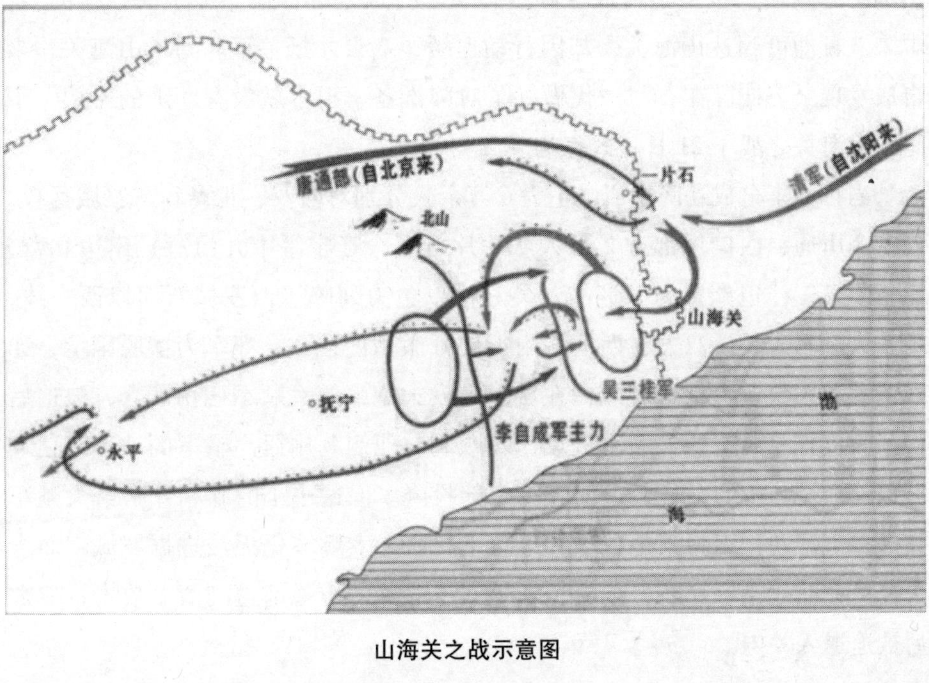


山海关之战示意图

降满清会给家人带来性命之忧，于是最终决定投向李自成，并率军离开山海关准备进京，把山海关的守关之责交给了唐通。吴三桂的兵马行至永平（今卢龙）西沙河驿时，遇到从北京逃出的家人，得知父亲吴襄在北京遭受农民军拷掠，爱妾陈圆圆被夺占，于是顿时一改初衷，打着为崇祯帝复仇的旗号，拒降李自成，还挥师山海关，袭击唐通部。

唐通受到吴三桂的攻击，马上向李自成求援。李自成获悉吴三桂叛变占领山海关的消息后，经过紧张的商议，决定一面安抚吴襄，以吴襄的名义写信规劝吴三桂，希望借父子之情使他幡然变计；一面作好武力解决的准备，出兵平叛。4 月 13 日，李自成亲自率兵向山海关进发，同时还带来了吴三桂的父亲吴襄。吴三桂得知李自成带十万大军而来，而自己无法抵挡，于是写信向多尔衮求援。清军在翁后（在今辽宁阜新境）遇到吴三桂的使者，遂改道从连山（在今葫芦岛市境）、宁远一线日夜兼程，疾趋山海关。同时，吴三桂为了拖延李自成的行军速度，做好军事布防，派出使者向李自成称吴三桂仍然愿意归顺，希望李自成缓师慢行。李自成未加深思，上了吴三桂的当，本来五日即可到达山海关，却因行动迟缓，八天才抵关下。到了山海关，李自成发现吴三桂已在石河一代做好了对阵准备，根本就没有劝降的希望，于是，山海关之战于 21 日正式打响。

当日，李自成劝降不成，主力 6 万余人分别对西罗、北翼和东罗城猛攻，同时令唐通、白广恩部近 2 万人从一片石（今辽宁绥中九门口）出边立营，以斩断吴三桂退路。为了迎战，吴三桂以主力列阵于西罗城石河以西一线，阻止大顺军攻关。双方在西罗城附近展开激烈的征战，守军为摆脱困境，诈降诱大顺军数千人抵近城垣，在城上突发火炮，使大顺军死伤甚众，被迫后撤。而攻打北翼城的大顺军进攻比较顺利，他们利用居高临下的地形，猛攻城垣。经过一夜的激战，迫使守军一部投降。但这小小的胜利并未给大顺军带来多大帮助，因为其他各城并未攻下，所以大顺军仍无法进据罗城。而当天夜里，驻守在一片石、企图切断吴三桂退路的唐通部遭到清军攻击，战败后被迫退入关内。

经过对战局的观察，多尔衮基本已掌握了大顺军的虚实，并决定采取以逸待劳、后发制人的作战策略。他不再主动出击，准备等到大顺军与吴三桂的军队陷入疲劳状态后，突发奇兵，再一举得胜。这样的作战策略就让吴三桂的军队承担了更多的大顺军进攻的压力，在寡不敌众的情况下，吴三桂的军队陷入危险境地，于是吴三桂带随从冲出重围，奔至关城东1千米的威远堡向多尔衮称臣，并将清兵引入了山海关内。

古代绘制的明代末年山海关地图

吴三桂的真心归降，使多尔衮重新进行军事部署。他偕和硕英郡王阿济格、多罗郡王多铎率劲旅8万，分别从南水门、北水门、关中门进入关内，令吴三桂部以系白布为号任前锋。大顺军因攻坚一昼夜未能夺关，又见吴三桂投向清军，并引清军入关，于是决定改攻城为野战，从角山到渤海投入全部兵力，摆开一字长蛇阵，成决战架势。多尔衮以吴三桂部为右翼迎战，重兵则鳞次列阵于渤海海滨大顺军阵尾薄弱处，待机出击，并告诫各部不得急进。大顺军不明清军意图，只能按原来的计划向吴三桂所在的右翼猛攻。而此时的吴三桂因有清军压阵，不再有后顾之忧，个个尽全力顽强抵御。这时，狂风大作，扬起沙尘，咫尺之间，亦不能清晰得见，双方军队于混乱中展开肉搏。大顺军不顾伤亡，把吴三桂部团团围住，血战至中午，双方均已疲惫，损失甚众。而在吴三桂与大顺军激战之时，多尔衮从容布阵。此时见时机已到，急令阿济格、多铎各率2万精骑，乘风势、挥白旗，对阵直冲大顺军。当大风止息之时，疲惫的大顺军见清军突然而至，如同天兵，猝不及防中自然乱了阵脚，伤亡惨重，刘宗敏中箭伤。李自成见无法挽回颓势，于午后急令余部且战且向永平方向撤退，在退至范家店时下令杀了吴三桂的父亲吴襄以泄心头之愤。之后，李自成率余部退回北京，随即又弃京西撤。

山海关战役使李自成的大顺军遭受重创，由于对清军入关作战毫无准备，又缺少对清军骑兵作战的经验，大顺军的精锐在此战中损失惨重，他们被迫放弃北京西撤后，清军就占领了北京，大顺军从此未能再起，而满清则取得了全国政权。在这次战役中扮演了重要角色的吴三桂在清军入京后，迅速以自己为中心在汉族官绅中形成了一股不可忽视的拥清派。

## 喜峰口

喜峰口位于河北省迁西县与宽城县接壤处，雄踞在滦河河谷，是明长城蓟镇的重要关隘，也是大将军徐达在燕山山脉首建的32座重要关隘之一。作为燕山山脉东段的隘口，喜峰口地形突兀，它的周围是一片低山丘陵，南部海拔高度为200多米，到北部却升高到1000多米，左右又有高崖对峙，地形十分险要，古人称它有“嵯峨虎豹当大关，苍崖壁立登天难”之势，易守难攻，战略地位十分重要。另外，喜峰口向来是从河北平原通向东北的一条交通要道，由喜峰口出关，向东能到达大凌河流域，向北直通西辽河上游及蒙古高原东部，向西南经遵化和冀北重镇蓟州（今蓟县）可至北京。

据考证，喜峰口古称卢龙塞，《水经注》中称“林兰径”，宋、辽、金时称“松亭关”。“喜峰”之称，正是使用于明成祖迁都北京后。相传，曾经有人久戍不归，其父四处打听寻找，终有一日，父子俩千里来会，相逢于此，相抱大笑，喜极而死，葬于此处，他们的坟墓被称为“双冢”，而此后这里也就被称为“喜逢口”了。元代诗人徐有壬曾专为此写了一首《喜峰口诗并序》。直到明永乐年间，“喜逢口”才因讹传讹最终被定名为“喜峰口”。

## 知识链接

### 喜峰口诗

徐有壬

儿寒解衣重抚摩，儿饥推食孰忍呵。
长成与国远负戈，一去不返当如何。
去时云戍东北鄙，直出榆关度辽水。
白头郎罢与影俱，岂惮关山千万里。
天教此地适相逢，父曰“从天坠吾子”。
笑疲乐极俱殒身，谁谓情钟遽如此。
官家开边方未已，同生又别宁同死。
山云漠漠风飕飕，山头双冢知几秋？
当时不忍一朝别，今日翻为千古愁。
犹胜贞女化为石，终古孤身双不得。
清江形影日悠悠，行人一去无消息。

喜峰口的建筑别有新意，出于军事上的考虑，喜峰口分为关城和城堡两个部分，城堡坐落在群山包围的盆地里。关城建在城堡北面，三面临山、一面靠河，由“日”字形的三道套城组成。关城外围主城墙高五丈，宽三丈，长一百丈，由石块从里到外整体码堆而成，中心竖有一两丈高城楼，叫望日楼。在主城墙两端，依着山势修建了辅墙，城墙上也各有一楼。矗立在梅山上的叫梅楼，修建在云山上的叫云楼。由两边辅墙开始，向更远的山上延伸。大汉国修建了一道大约两百多里的城墙，用以防止胡族入侵。由主城墙向后一百步，在两山之间，再筑了一座高大城楼，城墙高宽皆与主城墙一样，长五十丈。上有一楼名卢龙。两边以石墙与主城墙相连。两侧是两列士兵营房。再往后，相距一百步，就是面对官道的新月楼了。这道城墙高四丈，宽两丈，长八十步，上有一楼叫新月楼。这里两侧都是堆积粮草的库房、马棚和治疗伤兵的木屋。

古时的喜峰口可以说是戒备森严、固若金汤，无论是车马还是行人，想要入关城都必须要通过三道套城的城门。关外面西第一道罗城城门上横悬着“喜峰关”汉白玉石刻匾额。第二道罗城城门偏南，与第三道城门形成拐角。第三道城门外又筑圆形瓮城（又称月城）回护，城门朝北，形成四道关门，以加强防御能力。最内一道关门朝东，城门上嵌有“喜峰麓”汉白玉石刻匾额。关城上设有火炮30余门。关门里建有三丈多高的火药楼，专为关城火炮储备火药和弹丸。

喜峰口不但建筑结构独特，景致也十分特别。喜峰口长城位于潘家口水库库区内，潘家口水库建成于1976年，当年在引滦入津工程进行中，为了防

喜峰口

止滦河的泛滥，修建了潘家口水库。水库建成后，喜峰口关城就有一部分被淹没于水中，水面上只露出一小部分残垣断壁。尽管如此，喜峰口确实是历史上修建年代久远却从未进行过人工修复且保存完好的长城隘口。如今，从山上俯瞰喜峰口，只见逶迤万里的长城顺着山势一直伸向了水岸。然后，便俯身扎入水中，在水里爬行一两公里后又从对岸冒出来，继续顺着山势蜿蜒爬上山脊，向西盘旋于崇山峻岭之间。这宛然形成了一幅“长龙饮水”图，气势俨然，蔚为壮观。当年姜文在此处拍摄电影《鬼子来了》，也是看中了它独特的景致。

喜峰口景区不仅景色秀丽，而且还蕴含着数不清的历史故事和人文典故。

唐诗人高适在《塞上》诗中有“东出卢龙塞，浩然客思孤。亭堠列万里，汉兵犹备胡”之句，可见当时统治者对这个地方的重视程度。

明朝宣德年间，蒙古人经常南下劫掠，为打击一下蒙古人嚣张的气焰，明宣宗朱瞻基于宣德三年（1428 年）进行了一次向北的狩猎及巡边活动。恰

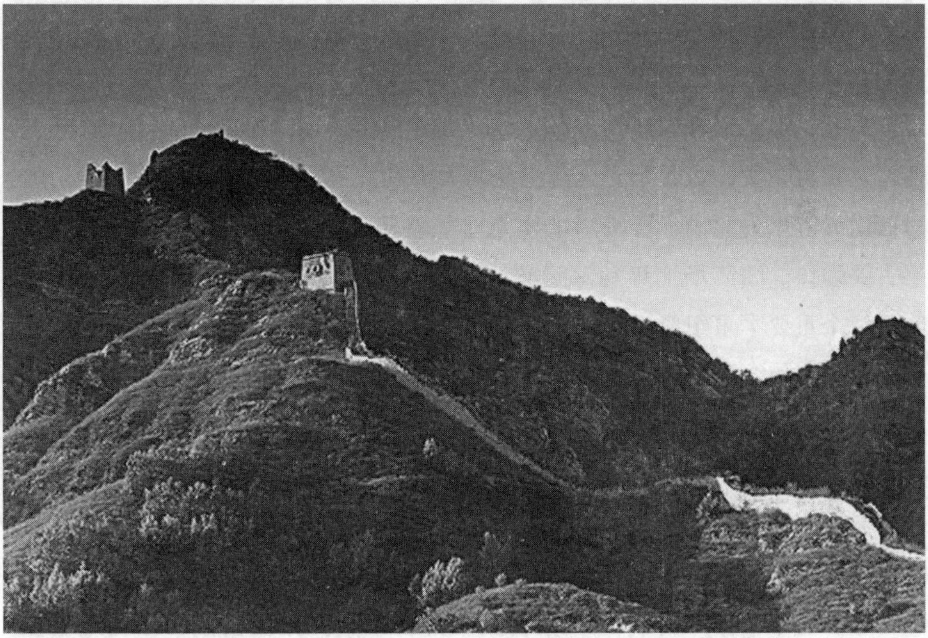

喜峰口长城

巧在此时，朱瞻基接到来自喜峰口的情报，称有一万多蒙古铁骑将到达喜峰口附近的宽河一带。朱瞻基分析了情报后，认为前来进犯的蒙古人不知道自己正在巡边，没想到会有一支军队在附近。在这种情况下，如果自己率兵前去，一定会打敌人一个措手不及。但是，要到达宽河，明军必须得经过喜峰口，但喜峰口不利于大军通过。朱瞻基当机立断，只率3000精兵突袭。经过昼夜疾驰，他很快便率军到达宽河附近。蒙古兵发现了明军踪迹，却误以为是明朝照例巡边的普通队伍，便一拥而上。朱瞻基命令士兵分成两翼，亲自引弓搭箭，接连射倒了三个冲在最前面的蒙古兵。两翼明军利用火器打得敌人溃不成军。可以说，此次作战，大大出乎蒙古铁骑的意料，朱瞻基的勇敢果断，为喜峰口的历史增色不少。

在朱瞻基之后不久，喜峰口又迎来了一位大英雄——戚继光。

戚继光原本在东南沿海一带主持抗击倭寇事宜。在扫清了倭寇之后，正逢明廷同蒙古各部势力矛盾日益激烈之时。于是，隆庆二年（1568年）五月，朝廷任命戚继光为都督同知，总理蓟州、昌平、保定三镇练兵事。戚继光来喜峰口考察，发现这里地理位置重要，地势复杂多样，宜于综合训练军队。据此，他在喜峰口建筑了演武场。演武场位于路城西门外开阔地，紧邻西城。长百余丈，宽数十丈。西连关塞大道和三关河水，隔河对面为西山岭，过西山岭五里为北出小喜峰口的山堑小峡谷暗路。从演武场北望二里即为松亭古关隘口。演武场地势幽深险峻，气势雄伟壮阔，成为关隘口和卫所城之间的一个重要军事组成部分。

隆庆三年（1569年），戚继光调配士卒，开始了艰巨的筑台、修墙工程。隆庆五年（1571年）八月，经过两年艰苦的紧张劳动，全部敌台工程完成。在东起山海关、西到镇边城（今北京昌平县西）的1000千米防线上，矗立起1017座雄伟的敌台。喜峰口的建筑布局与军事防御体系科学合理，成为蓟镇长城的精粹地段。

万历元年（1573年）春，蒙古朵颜部首领董狐狸及其侄长昂勾结土蛮，驰犯喜峰口，索赏不得，就在关外大肆烧杀抢掠，以引诱明军出战。戚继光掩兵出击，几乎活捉董狐狸。守边官吏劝他们向明军投降，董狐狸于是叩门请求纳贡，朝廷议准每年给予他们赏赐。

万历三年（1575年）春，长昂又窥探各关口，无法侵入，就与董狐狸一起逼长秃（董狐狸弟，长昂叔）入侵董家口，戚继光遣兵打败他们，并捉住了长秃，胜利而归。董狐狸和长昂只好带领部长亲族三百人向喜峰口叩关认罪。董狐狸穿素服伏地叩头，祈求释放长秃。戚继光同总督刘应节等商议，派副将史宸、罗端前往喜峰口，在演武场点将台举行受降仪式。来降者四面围绕着下跪，答应献还掠去的边民，并举刀发誓以后决不再犯。于是，戚释放了长秃，又准许他们前来通贡互市。可以说，戚继光在喜峰口的辉煌战绩，更为喜峰口平添了一份英雄气魄。

## 古北口

古北口长城位于密云县古北口镇东南，是中国长城史上最完整的长城体系，由北齐长城和明长城共同组成，包括卧虎山、蟠龙山、金山岭和司马台4个城段。从西周开始，延至春秋战国便在古北口筑墩设防。汉武帝刘彻为防北部匈奴入侵扰边，命守军在古北口开始筑城布兵，使古北口成了汉与匈奴屡次交战的必争之地。数不清的战争都以攻占古北口为第一步，使它成了夺取中原的桥头堡。

古北口在早期并没有长城，战国和秦、汉时期的长城是从古北口以北很远的地方经过的。北朝时期，为了防御更北方的游牧民族和邻近的其他政权，各朝非常重视修筑长城。北齐天保六年（555年），就曾修筑过一条自西河（今陕西榆林河）起至山海关共1500余千米的长城，古北口当年就是这条长城上的重要设防关口。隋唐时期又对北齐长城修缮利用，“古北口”一名也是自唐代才有的。因为古北口是唐朝幽州（今北京）之北的重要长城关口，因而得名“北口”。唐在此设有北口守捉，屯兵驻守。守捉是唐代在边疆设兵戍守之军事区域，其上有军，其下有城、镇、戍。当时幽州长城之外为奚族聚居区，所以古北口又称“奚关”。唐代北口，五代起已称古北口或虎北口。金、元两代曾对此关口增建。明洪武十一年（1378 年）起加修关城、大小关口和烽火台等关塞设施，并增修门关 2 道，一门设于长城关口处，称“铁门关”，仅容一骑一车通过；一门设于潮河上，称“水门关”，此二门现今仍有遗址留存。隆庆元年（1567 年），戚继光、谭纶开始对自山海关到居庸关的长城进行大规模改建，古北口长城也因此得到修建。清朝，在古北口河西村增设柳林营，建提督府，开辟御道，修行宫，置重兵驻守关口。

古北口处在山海关与居庸关之间，地势险要，蟠龙山、卧虎山两山双峰壁立，潮河、汤河穿镇而过，从古至今就是内地通向松辽平原和内蒙古的咽喉要地，有“地扼襟喉趋溯趋，天窗镇钥枕雄关”之誉，因此也是历代兵家必争之地。尤其是在辽、金、元、明、清这五朝，大大小小争夺古北口的战役从未停止过，越发显示出其重要性来。

1933 年 3 月 10 日到 5 月 14 日，古北口抗战在此进行，360 余名阵亡将士遗体合葬于古北口长城脚下，建古北口阵亡将士墓。约 5 米的古北口保卫战纪念碑在古北口东山建立起来，碑身正面镌刻着冀晋纵队司令员赵尔陆题写的四个苍劲大字——“河山永在”；碑座四周刻有 100 多名为实现和平而献身

古北口长城远眺

的烈士的姓名、年龄、籍贯和部队编号。与此同时，在东山左侧烈士墓地建起一座墓碑，上面刻着 12 个大字——“古北口保卫战阵亡烈士之墓”。

古北口明长城是古北口北部的第一道军事防线，是明万里长城中最坚固最雄伟的一段，更是今天唯一一段完整保留了明长城最精华部分原貌的部分。从西边至东边依次为八大楼子长城、黄峪沟长城、卧虎山长城、万寿山长城、蟠龙山长城、五里坨长城、金山岭长城和司马台长城。长达 40 多公里的长城线上，有敌楼烽火台 172 座，烟墩 14 座，建立了 16 个关口；3 个水关长城；6 个关城；以及三个瓮城；还有许多卫、所、堡分布在外围。卧虎山长城段有长城历史上罕见的姊妹楼长城；有长城历史上跨度最长的水关长城。

古北口北齐长城位于明长城南面，从西八大楼子至东司马台长城全长 20 千米构成了古北口的第二道军事防线。明朝洪武十一年（1368 年）朱元璋派开国大将徐达重修明长城时建古北口关城，设置东、南、北三门防守，并在北齐长城基础上砌石块，增强长城的防御能力。明朝 1569 年戚继光在古北口修复长城时，保留了北齐长城并在墙外贴上长城墙砖，形成了古北口著名的双长城。目前北齐长城上仍然保留着著名的大花楼烽火台，并有七个著名的关口，在历史上起到了重要的保护和防护作用。

古北口关初建于明朝洪武年间，其城建筑于山顶之上，随山势升降，蜿蜒曲折，呈现为不规则的多角形，被比喻为鸟窝式。明朝诗人唐顺之写诗描述其“诸城皆在山之坳，此城冠山为鸟巢。到此令人思猛士，天高万里鸣弓绡。”

古北口宁静的土地上留下了凝聚的历史，留下了无数英雄豪杰：杨家将、戚继光、冯玉祥、抗战英雄、支那七勇士等；古北口镇有清朝康熙皇帝在卧虎山长城下修建的避暑万寿行宫；有乾隆皇帝为母亲庆祝八十寿辰的万寿寺；更有历代文人墨客——欧阳修、韩琦、苏东坡的弟弟苏辙、清代诗人曹寅、清代皇帝康熙等人在古北口留下的诗词篇章。可以说，如今的古北口不仅自然风光美丽迷人，又浸润着丰厚的历史文化，值得人们流连赏玩。

知识链接

二十四眼楼

二十四眼楼是古北口长城段尽头的一座奇特建筑。这是一座敌楼，西北角已塌毁，只有东部和西南向的墙还在那里坚固地挺立着。因为原来四面共有二十四个箭窗而得名。此楼地势高耸，东接金山岭，西望卧虎山，由于战略地位重要，因此修得特别高大。

## 居庸关

居庸关是长城的一个重要关口，也是万里长城上历史最悠久、最负盛名的雄关之一。居庸关是北京西北的天然屏障，同时也是风景宜人的观光胜地，作为古战场，如今硝烟已然消散，但那些古战场的军事设施被保留下来，与此地的自然风光融合在一起，更增添了居庸关的沧桑魅力。“居庸叠翠”即是对居庸观胜景的盛赞。除冬季之外，登上居庸关凭高远眺，草木丰茂，郁郁葱葱，一阵风过，如碧波翠浪翻卷而过，令人心旷神怡。居庸关北的“仙枕石”高3米，广50米，形似石枕，被赞誉为“一觉黄粱人已仙，尚遗睡石傍风泉。”居庸关中心的“云台”可以说是保有元代艺术风格的石雕艺术精品，“云台”本是“过街塔”的基座，取“远望如在云端”之意。“云台”以汉白玉为材料，上小下大，平面呈矩形，台顶四周有石栏杆、望柱、栏板、滴水龙头等建筑。台基中央有一个门洞，门道可供人、马、车辆通行。南北瓮城取“瓮中捉鳖”之意，南瓮城呈马蹄形，北瓮城呈长方形，两座瓮城当中都设有炮台。作战时可将敌人诱入瓮城，主城关闭阻其入城，再放瓮城闸门，敌人就被困在瓮城里，只能束手就擒，仿若瓮中捉鳖。明代是我国古代大炮制铸和使用最兴盛的时期，居庸关陈列的古炮就能证明这一点。在居庸关的南北券城城墙上各自陈列着“大将军铁炮”和“竹节铁炮”，它们仿若威武的卫士，守卫着古代关口，守护着现代文明。“水门”是居庸关较为值得一看的景致，居庸关两侧高山，中间一条水道南北贯穿关城。在水道与长城的交叉之处，建有双孔圆拱水门，水门上有闸楼，内设水闸，借此控制门内外水量，洪水季节打开闸口泄洪，枯水季节储备河水供关城使用。水门桥墩设计成南北尖状，这有利于减少洪水对水门的冲击力，起到了防止毁坏、延长使用时间的作用。除此之外，居庸关券门两侧石壁及顶部雕刻的佛像、经文，以及历代文人墨客、达官显贵写下的大量描绘居庸关的诗词赋、碑刻和石刻都是极有价值的历史文化遗产，也是值得赏玩的艺术珍品。

相传，在秦始皇修长城之时，将征来的民夫和士兵徙居于此，居庸关就是取了“徙居庸徒”的意思，因此才得了名。后来，人们对居庸关的称呼并不一致，三国时称“西关”，北齐时称“纳款关”，唐朝时又先后称为“蓟门

居庸关关城

关”“军都关”等。

居庸关南俯京师，北据塞外，地理位置十分重要。居庸关两侧又有高山耸立，中间一条纵深20多千米的峡谷，俗称“关沟”，居于关沟正中的居庸关就成了往来塞外的咽喉要道，大有“一夫当关，万夫莫开”之势，素有“绝险”之称。这样险峻的地势在军事上自然十分重要，因此居庸关历来是兵家必争之地。春秋战国时期，此地是燕国扼守的“居庸塞”；汉朝时居庸关已颇具规模，是“锁钥”重地；南北朝时与长城连在一起的居庸关是牢固的防御屏障；唐朝时虽因版图辽阔，居庸关并不是边境之地，但战略位置依然十分重要；到了辽、金时期，居庸关就成了都城的西北门户，使其战略地位一举跃居关隘之首；元朝时，由于居庸关既是大都的西北屏障，又是通往上都的要道，屯兵驻守，南北布防，地位好比蜀之剑门；明朝时居庸关是长城重镇之一，极受朝廷重视，朱元璋更是拨巨款修筑居庸关城，建起水陆两道关

居庸关云台

门，在嫩北山县尧指出修建护城墩、峰燧等多座防御体系，极大地增强了它的军事防御能力。之后又多次修缮，增建了南北月楼及城楼、敌楼等配套军事设施，南北关城内外还有衙署、庙宇、儒学院等各种相关建筑设施。清朝时，对长城及其关隘只是保而不修，居庸关自然也是如此。

纵观历史，居庸关的上空似乎一直弥漫着战火硝烟，而辽、金时期，居庸关已不单单是中原政权与北方民族政权的分水岭，更是它们守卫自己的正统王朝统治，抵御同样来自北方的女真、蒙古等入侵的咽喉要塞，因此更时时被厮杀呐喊的征战声所萦绕。

辽初，在占领燕云十六州之前，入侵中原多经由居庸关，因为在拱卫北京的五关当中只有居庸关能通车马，交通便利，因此也便于行军，也就成了进攻北京的最佳路线。辽太祖神册二年，即917年，辽发兵攻打幽州，当时幽州节度使周德威以幽、并、镇、定、魏五州之兵与辽军在居庸关之西，新州（今河北省涿鹿县）之东大战，最终辽军取胜，向东进入居庸关。神册六年，即921年，辽太祖再次率大军南下，先后占领居庸关和北古口两个重要关隘，从此便如入无人之境，给中原人民造成了更大的破坏和损失。

辽太宗会同元年，即938年，石敬瑭将燕云十六州割让给辽之后，居庸关成为辽的内地，但其重要的战略地位依然不减。辽圣宗统和四年，即986年，宋太宗为收复燕云十六州，向辽发起进攻，这就是“雍熙之役”。在这场战役中，宋西路军进展顺利，节节获胜，迫使辽圣宗不得不出兵西援，但即便是在这种情况下，辽圣宗依然未忘居庸关的重要战略地位。在派兵西援的同时，派耶律老君奴等巡檄居庸北，以防西线宋军的进攻。

辽末，女真族政权建立，国号大金。为反抗辽的压迫和掠夺，完颜阿骨打率金军不断向辽发起进攻，对辽的统治产生了极大威胁，而宋也从中看到了收复燕云十六州的希望。宋徽宗于重和元年（1118年），派使臣与金谈判，希望合力攻打辽，并最终订立了“海上之盟”，宋希望收复居庸、古北、松亭、榆关之南原汉地，彼此不得过关。宋将原来给辽的岁币予金。但由于双方对地理概念的认知不一致，因此金并不完全同意宋的条件，金同意将古北口、居庸关等原奚地交给宋，但松亭关却不能给宋，这为日后宋金开战埋下了伏笔。

在宋金合力攻打辽的过程中，宋军一直没有取得大的突破，两次攻燕之役均告失败。与宋军的懦弱无能相比，金军却进展迅速。金军先在古北口大败辽军，然后又向居庸关进发。在居庸关，金军并没费太大力气，面对不战自溃的辽军，很顺利地便夺取了居庸关。这也使金太祖对宋朝甚为轻视，因为宋军即便对如此不堪一击的辽军也无能为力。金军占领燕京后，于天会元年（1123 年）三月，依照“海上之盟”的规定，将燕京及附近六州交给宋朝，但却将人户、财产等席卷而去，宋只得到几座空城。宋金的“海上之盟”只是基于夹攻辽的短暂同盟，一旦辽亡，宋金直接交界，再加之金早已看出宋的软弱无能，因而战争也就不可避免了。金太宗天会三年（1125 年）十一月，金军分东西两路攻宋，很快就在白河大败宋郭药师部。与此同时，其又

成吉思汗

派兵夺取了居庸关，而居庸关的失守自然导致了燕京的陷落。

大金王朝先后灭掉了辽和北宋两个强大的王朝，但是在它立国近百年后，却同样遭到了来自北方的游牧民族——蒙古的威胁。公元1211年2月，成吉思汗誓师伐金，与金兵在会河川大战，金军溃败，只能固守居庸关。但很快，蒙古军队就攻破了居庸关，但因未能攻下中都，因此撤军。蒙古退军后，金右副元帅府经历官李英看到居庸关对中都的重要性，上书右副元帅术虎高琪，应在居庸关遣官节制。朝廷接受了李英的建议，任命李英为尚书工部外郎，统管居庸关等关隘。

金至宁元年（1213年）七月，成吉思汗再次向中都发起进攻，击败金完颜纲、术虎高琪，攻下居庸关之后围攻中都，却久攻不下。第二年三月，金派使者向成吉思汗求和，使居庸关成为任由蒙古军出入的通道。后来，金宣宗迁都汴京，得到这一消息后，成吉思汗再次发兵围攻中都，并一举攻陷。从此，居庸关又一次更换了主人。其后，它又多次经历了战争的洗礼。

## 紫荆关

紫荆关位于河北省易县西北45千米处，地处太行山北段紫荆岭上，由于其北接居庸关和外长城相连，西邻雁门关和黄土高原，东下华北平原，所以历来乃兵家必争之地。是内长城第一重关，也是与山海关、嘉峪关等齐名的历史最悠久的名关之一。为河北平原进入太行山的要道之一。东汉时紫荆关名为五阮关，又称蒲阴陉、子庄关，列为太行八陉之第七陉。宋朝时更名为金陂关，后因山上多紫荆树而改名紫荆关。它处在居庸关和倒马关之间，是长城内三关之一，为河北平原进入太行山的一条要道。

紫荆关素有“一夫当关，万夫莫前”之险。其关城东为千岭绵延、峭壁高耸的万仞山，城西为蜿蜒向西、相接盘石口的犀牛山，城北为谷宽坡陡、浪高水急的拒马河，城南是千山万壑、层峦叠嶂的黄土岭。紫荆关城就建在这依坡傍水、两山相夹的盆地内。四周的高山急流形成了一道天然屏障，使关城显得分外宏伟壮丽，自然成为捍卫京城安危的屏障。

紫荆关始建于战国时期，当时为土石夯筑，后来几经扩建修葺，直到明洪武初年改用石条作基础，以砖砌面封顶，并用石灰碎石灌注，使关城的牢固性大大加强。此后，明朝统治者又曾多次对紫荆关进行改筑和扩建，先后增设城堡、隘口，还开凿了盘山道，使紫荆关形成了一个较完备的防御体系。《畿辅通志》中称："控扼西山之险，为燕京上游路，通宣府、大同。山谷崎岖，易于戍守。"

紫荆关现存建筑多为明代遗留，颇具特色。紫荆关共有三道关门，从内地通向紫荆关的第一道关门，建在今坡下村的峡谷中。边墙自关门向西两翼伸展，直达两山峰顶。门额上嵌有一方石匾，横书"紫荆关"三个大字。关门前有一座营房，一座庙宇，如今这些建筑虽然已经坍塌、毁坏，但遗址仍清晰可辨。关门内是通向关城的十八盘，十八盘是一条石径，全程10公里，纵深2.5公里，自山底蜿蜒攀上峰巅。十八盘的东侧倚着崖壁，西侧邻着深谷，道路崎岖艰险。虽然如此，这条羊肠小道仍然是内地联系北方各族人民的必经之路，也是抵御外族南犯的自然天险。十八盘的顶端是南天门，也建在两山间的峡谷中。城墙东起万仞之巅，经南天门至奇峰岭山顶。门券上嵌着"畿辅第一雄关"的石匾，门东石壁上镶嵌着两块石碑：一块是荆坡道人

紫荆关

所作“重修紫荆关盘道记”；一块是明参将韩光所作的七律诗。门外西坡上还有清康熙御笔所书的一通碑碣——“天子阅武处”。进了南天门是二重门，两侧有八字墙向左右伸展。再内是三重门，又称南门。此门坐东朝南，门券上嵌有“紫塞金城”四字。上款题“万历十七年岁次乙丑孟秋吉量立”，下款为“钦差分守紫荆关参将韩光”。与南门相对的是北门，北门有瓮城，里面门券上有“表里山河”的匾额。北门面东，门额题字共两层，上层题“河山带砺”，上款为“万历丁亥夏”，下款为“聊城傅光宅书”；下层题“紫荆关”。南天门西侧，有从内城通向黄土岭的关门一座，额题“阳和门”。

紫荆关主城分东西两部分，中间以墙相隔，东城设文武衙门，西城为屯兵之所。关城东、西、南三面墙外有墙，形成环抱于主城外的三座小城池。拒马河北岸有小新城，与主城之西城隔河相望，之间有铁索相连，为关城的前哨。紫荆关的关墙总长18160.5米，共有城门9座、水门4座、战台19处。

紫荆关历史悠久，文物古迹较多。古代军用水井、碾盘，仍保存完好；古栈道至今清晰可辨；古印鉴、古货币、古代服装饰品等都多次发现。

明成祖迁都北京后，居庸关作为北京的北大门，是抵御来自北方异族入侵的重要屏障。但历史证明，紫荆关在捍卫京城上处于居庸关不可替代的战略地位。明将于谦曾说：“险有轻重，则守有缓急，居庸、紫荆并为畿辅咽喉，论者尝先居庸，而后紫荆，不知寇窥居庸其得入者十之三，寇窥紫荆其得入者十之七。”明、清之际的思想家顾炎武在《天下郡国利病书》中说得更明白：“居庸则吾之背也，紫荆则吾之喉也，猝有急则扼吾之喉而附吾之背。”历史上的许多战例，说明这个论断是正确的。东汉建武二十一年（公元45年），乌桓入犯中原，汉朝曾派伏波将军马援出紫荆关，乘敌不备予以进袭。南宋嘉定二年（1209年），元太祖成吉思汗攻打居庸关，因金兵凭险据守，久攻不下，它抽出兵力南下，一举攻下紫荆关，在易县境内的五回岭大败金兵，然后攻取涿、易二州，又由长城内侧向外反攻居庸关，内外夹击，居庸关被攻破。紫荆关在捍卫京城上举足轻重的战略地位，由此可见一斑。这样的战略还可举出若干来，比如，抗日战争时期，平型关大捷之后，我一一五师主力未及休整，又主动参加忻口战役，经过28天的战斗，一举收复了包括紫荆关在内的大片敌占区。

如今，战争的烟云已经消散，紫荆关也抖落了往日的征尘，以其险中蕴秀的古塞风光，浑厚的文物、军事历史底蕴吸引着众多游览者的目光，开启了自己新的辉煌的历史。

## 倒马关

倒马关位于河北省保定市唐县西北60千米的倒马关乡倒马关村，与居庸关、紫荆关并称为“内三关”，在抵御外敌方面起到了重要作用。

倒马关历史悠久，关隘处于一条古老的通道——“灵丘道”上。灵丘道始建于北魏，是北魏统治者为加速汉化进程而修建的一条官道。灵丘道北起平城（山西大同市东北），南越恒山，自灵丘以下，略循今唐河谷道出太行

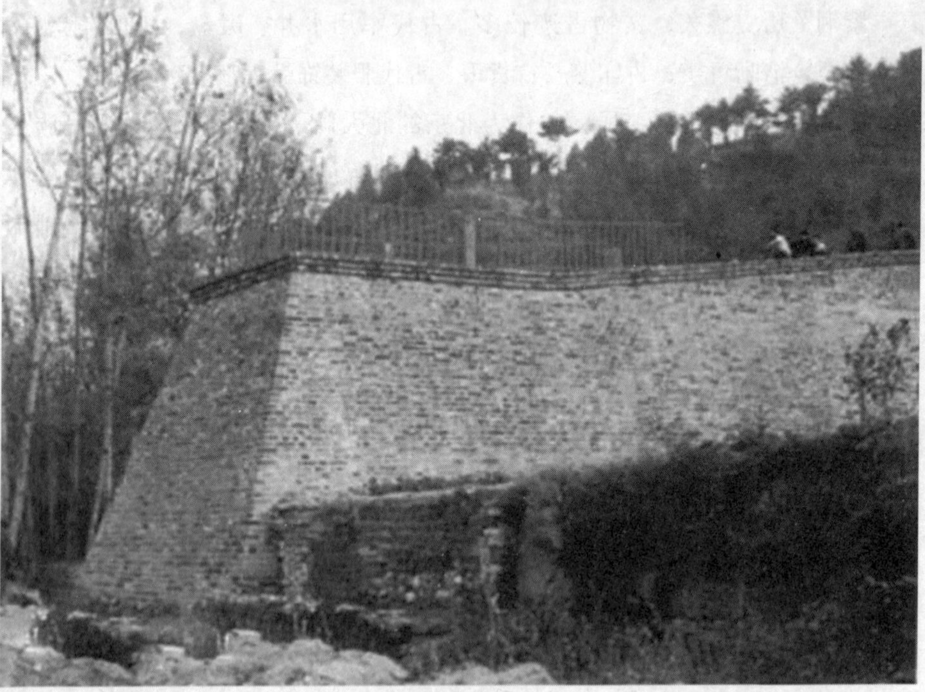

倒马关长城

山，南抵中山（今河北定县），是当时山西高原北部通向华北平原的交通要道，而倒马关就是这条道路上的重要关隘。但倒马关的置关时间却远早于此，在《战国策》上就有倒马关的相关记载，那时倒马关被称为“鸿上关”“鸿之塞”。到了汉朝，倒马关又更名为常山关。据《后汉书》记载，建武十五年（公元39年），因匈奴常犯东汉北部边境，东汉政府迁徙雁门、代郡、上谷三郡居民于常山关（倒马关）、居庸关以东地方居住，防止匈奴的侵扰，由此可见倒马关的屏障作用。到北魏时，倒马关又更名为“铁关”，同时也称“鸿山关”。“倒马关”一名是明代以后的通称，明朝马中锡在《倒马关诗并序》中说：“关有两山对峙，其路极险，相传杨六郎到此马踣，故名。”也就是说，倒马关之所以得名，是因为此处山高路险，杨六郎的战马也因其险峻而倒伏于此，这才有了“倒马关”的名字。此后，人们为了纪念杨延昭（杨六郎）镇守三关的功绩，还在明正德十五年（1520年），于倒马关城西3千米的马圈山上修建了“六郎碑”。

## 知识链接

### 六郎碑

六郎碑位于倒马关城西三公里马圈山上，碑坐北向南。碑通体高1.8米，宽0.6米，厚0.7米，为汉白玉雕凿而成，碑额抹角及两边雕云纹花边图案。碑文为楷书：“宋将杨六郎据守之处。”

杨六郎即杨延昭，是并州（今山西太原）人，宋真宗时为保州（今河北保定）缘边都巡检使，后因与辽兵作战有功而升为英州刺使、保州防御使。

杨延昭在边防镇守20余年，威震辽邦，辽兵甚为畏惧。明正德十五年（1520年），为纪念杨六郎的抗辽功绩，人们立此碑以为纪念。

千百年来，有许多文人学士来到倒马关凭吊六郎碑，称颂吟怀杨六郎威震边关的不朽业绩。

现存的倒马关城始建于明景泰三年（1452年），后于成化元年（1465年）又进行了一次大规模的维修，目前我们能见到的关于修建倒马关城的记载也都是明朝的。有记载表明，“土木之变”时鞑靼人由此关攻入，关城被战火毁坏。景泰三年（1452年），朝廷因上城城垣卑小，在城南3里的桑园又建造了下城，卧现倒马关城。现在，倒马关乡政府院内还保存着一块已从中折断的汉白玉石碑，这就是《倒马关建城碑》，碑文记载了1465年修建倒马关的情况。据碑文记载，倒马关城始建于1452年，后又于1465年又进行了一次大规模修建。

倒马关位于太行山东麓，北邻内长城，背靠唐河，东南为险要的十八盘岭，真可谓山势险峻，绝壁崇岗，石径逶迤，沿途九曲，倒马关城就依着这样的地势修建而成，而唐河水由西、北、东三面绕城而流，使得山、水、关城相得益彰，互为险阻。倒马关关城建筑比较独特，因为地理形势的关系，关城一半在沟谷，一半在山上，因此分为上城和下城。上城坐落于上关岭上。倒马关军事要塞关城的防御措施做得很好，它的三面都是河，而且设下了三道水关门，唯一没水的一面筑有围墙，有“一夫当关，万夫莫开”之势。倒马关原关城全长约2.5千米，城池占地约7万平方米，城墙底宽6米，顶宽4米，高约10米。城墙为黄土夯筑，外砌砖石。关城东、西、北三面各设有一座城门，东西二门上有城楼，外以沟壕环绕，南面依山，北邻唐河，城垣上列敌楼台 7 座。关城东门称“居仁”，西门称“由義”，北门称“宣威”。东西门外各设瓮城，东瓮城设有南北二门。西瓮城仅设南门一座，出南门往西约百米处唐河岸边设水关战台楼一座，楼下设有关门，是由下城通往上城的唯一通道。北门外原设战台楼一座，1939 年被洪水冲毁。城内正街宽 12 米，十字街正中原来建有两层的阅兵楼，楼上设有十字通道，楼北为官署所在地，有大堂、二堂、三堂。

古时候的倒马关军事要塞是兵家的必争之地，所以在这里你可以看到古代的防御设施和人文古迹，如刘郎碑、建城碑和杨延昭忠节碑等。现在，关城城内布局依旧，是研究该关历史的重要资料。只是以前长城上存留的一座城堡，现因年代久远已经坍塌，只留下一些城堡遗迹。近几年，唐县为了开发旅游，在这里建筑了玉皇庙、真武庙等建筑。另外，上关岭的西北留存下来的明代摩崖石刻——“雄关石壁”也很值得一看。

## 井陉关

说起井陉关来，人们对其地理位置的认识不是十分一致，大致有广义和狭义的区分。广义的井陉关，是就地域而言的，即井陉县全境，它包括西故关、娘子关和东土门关。狭义的井陉关说法有所不同，一说指故关，一说指土门关，还有说故关和土门关统称为井陉关，不过是一关分为二而已。在此，我们所说的井陉关是指广义的井陉关，其位于今河北省井陉县北井陉山上，西有故关，乃井陉西出之口；东有土门关，乃井陉东出之口。

实际上，“井陉”是太行山内的一条隘道。太行山素有“天下之脊”“东西之巨防”之称，南北方向蜿蜒卧于晋冀边界，自古就有阻隔东西方之间的交通的作用。

知识链接

### 太行山与“太行八陉”

太行山，又名五行山、王母山、女娲山。太行山绵延千里，像一条青色的巨龙，盘踞在河南、山西、河北三省辽阔的大地上，是中国东部地区的重要山脉和东西部地理分界线，素有“天下之脊”“东西之巨防”之称。因为它自北向南蜿蜒卧于晋冀边界，自古就有阻隔东西方之间的交通的作用。

太行山为褶皱断块山，东麓有大断层切过，山势特别险峻，难以攀登，是晋冀之间交通的大阻碍。太行山内部也有许多断裂带，为太行山的东西交通提供了天然孔道。据古书记载，在太行山中只有八处相通小径，称为太行八陉，它们分别是：轵关陉，太行陉，白陉，滏口陉，井陉，飞狐陉，蒲阴陉，军都陉。

“井陉”，即太行第五陉。由“井陉”东出，可以到达河北重镇真定州（今河北正定），进入华北平原；西出，经由山西高原，可以到达晋中政治中心太原，并可从太原转入关中地区。可以说，井陉把太行山东西两方连接了起来，大大方便了北方的交通。

“井陉”两边都是石壁，陡峭狭窄，如果是骑马而行，只能单人独骑通过，两人并骑都不行，而且地势险要，通行困难。但在战争时，太行山东西两边的军队多取道于此。而且，这里是古代的政治中心，关中地区通向河北的驿道所经，这条驿道在真定州与太行山东麓南北大驿道相接，北通蓟燕及辽东。这更增强了“井陉”的重要地位。

如今的井陉县，战争的烟云已留在了历史的天空，而秀丽旖旎的风光却依旧为世人所见。井陉关四面环山，太平河自关前流过，终年不息。关内丘缓道宽，直达华北大平原，关上险峰叠翠，环境优美。井陉关原有四座关楼，分别坐落在因关而生的东、西土门村村口处，现此四座关楼仅余三座，分别为东土门西阁、西土门东阁、西土门西阁。关楼都是用条石砌基、拱券门洞，门洞上有砖砌楼阁。因为此地一直是咽喉要道，且景致优美，因此东土门西阁的西券门上有清雍正皇帝所题的“三省通衢”的石刻门额，西土门东阁券门上刻有清乾隆皇帝题的“山辉川媚”四字，更为这关隘要地平添了几许庄严、几许辉煌。阁楼下有近300米的石砌古驿道，此驿道修建于秦汉时期，水月的驳琢和车马的踏磨使驿道更加崎岖不平，但块块巨岩却于残破中愈见光滑，仿佛在无声地向游人诉说着关门所经历的悲壮与辉煌。

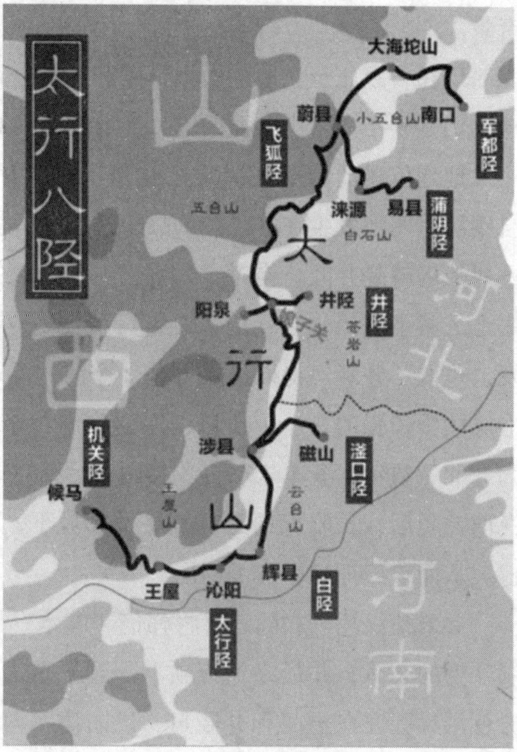

太行八陉示意图

苍岩山是井陉县东著名的山峰，石灰岩构成的峰峦层叠起伏，峭壁林立，林莽苍郁。自山脚沿山涧入山，古树盘根错节，千姿百态，宛如座座盆景。而古木掩映的山麓间若隐若现的殿阁楼台，自然透出宁静、古朴、庄严的韵味。苍岩山上有一座福庆寺，相传是隋炀帝长女南阳公主出家为尼之处。寺门上悬着一副金字对联“宝殿无灯凭月照，山门不锁待云封”，深具禅味。寺门前峭立的石壁上飞架一座三孔石桥，从下仰望天空，仅露一线，被叹为奇景。

现在石家庄至太原的石太铁路和冀晋公路干线都经过“井陉”或其附近，这里仍是联结太行山东西两方，河北和山西高原中部的交通要冲之地。

地理位置的重要性决定了这里的战火硝烟也必定多于别处。史书记载，自秦汉至明清发生在井陉关的战争达17次之多。战国时期，秦赵之战的一个重要战场就是井陉。当时，“井陉”是赵国的属地，也是秦国攻打赵国的必经之地。秦十五年（公元前232年），秦军分数路伐赵，其中一路人马从太原出发，攻取了井陉，得以进入番吾（今河北灵寿西南），但是由于当时赵国还是七雄国中较强的一个，所以秦军遇到赵将李牧的部队后，不能抵敌，战败而归。此后数年，秦军未敢再攻赵国。后因赵国国内有灾难，秦国才再次出兵，夺取井陉后，长驱直进赵国都城邯郸城下，并用离间计，使赵削去李牧的兵权，从而攻破邯郸，亡了赵国。

秦末楚汉战争之际，汉将韩信“背水一战”，击败赵军，为刘邦从背后牵制项羽的军队，并最终消灭项羽起到了重大作用。唐天宝末年，安禄山造反时就派兵驻守在土门和井陉口，以防唐军西来。而唐军屡败叛军，也是在突破井陉口，西出之后。北宋末年，宋金大战，金将斡离不在井陉与宋军激战，取得胜利，之后得以攻陷真定城，长驱南下，后攻取宋京城开封。

前面我们曾提到发生在公元前204年的井陉之战，这场战役是楚汉战争中一次出奇制胜的进攻作战，由汉大将韩信指挥，作战地点就在井陉口一带。在这次战役中，韩信以不到三万的劣势兵力，背水列阵，奇袭赵营，一举歼灭了号称20万的赵军，阵斩赵军主将陈余，活捉赵王歇，消灭了由项羽分封的赵国，为刘邦战胜项羽、统一全国创造了有利局势。

说起井陉之战来，我们首先要了解当时楚汉双方的战局。公元前205年，项羽在彭城战败刘邦，因此许多诸侯纷纷背离汉刘邦，归附了楚项羽。在这种情况下，刘邦的处境变得十分艰难，于是，刘邦采纳了张良等人的建议，以改变不利局面。当时，刘邦制定了正面坚守、侧翼发展、敌后袭扰的战略方针，而大将韩信主要负责开辟北方战场，目的是逐次歼灭黄河以北的割据势力，向楚军侧背发展，这也是整个战略计划的重要环节之一。

当时在北方有四股割据势力，分别是魏、代、赵、燕，这四股割据势力都投靠了项羽，成为项羽的羽翼，要想灭楚，就必须先把这些诸侯国铲除，以孤立项羽。韩信在开辟北方战场的过程中，发现这些割据势力只图据地自保、互不救援的弱点，于是向刘邦提出逐次消灭代、赵、燕，东击田齐，南绝楚军粮道，对楚军实施侧翼迂回，最后同刘邦会师荥阳的作战计划，得到了刘邦的赞许和批准。

公元前205年，韩信首先率军击灭了魏王豹，平定了魏地。同年闰九月，韩信又率军平定代地，活捉代国的相国夏说。这时，刘邦突然下令将韩信的精兵调往荥阳一带去正面抗击项羽的进攻。这样，韩信所剩兵力无几，不得不重新招募部队。即便是在这种情况下，公元前204年10月，韩信还是统率3万名新近招募的部队，越过太行山，向东挺进，对赵国发起了攻击。

赵国得到韩信进兵的消息后，赵王歇、赵军主帅陈余帅大军集结于井陉口防守，当时号称军队有20万。这时赵王和陈余都信心满满，20万大军对3万人马，已是胜券在握。井陉口又易守难攻，不利于大部队行动，他们居高临下，以逸待劳，自然处于优势和主动地位。反观韩信，麾下只有数万之众，且系新募之卒，千里行军，士气虽高涨，但身体却十分疲乏，处于劣势和被动地位。当时赵军主帅陈余手下的广武君李左车，很有战略头脑。他向陈余认真地分析了敌情和地形，指出汉军的优势在于刚刚打了两场胜仗，乘胜进攻赵国，必定士气旺盛。同时，汉军也有弱点，汉军的军粮必须从千里以外运送，补给十分困难，而井陉口道路狭窄，车马不能并行，因此汉军粮草输送一定滞后不济。鉴于此，李左车建议：由他带领奇兵3万从小道出击，夺取汉军的辎重，切断韩信的粮道；由陈余本人统率赵军主力深沟高垒，坚壁不战，与韩信军周旋相持。其实，李左车对战略形势的分析和战法的制定是十分准确的，如果按照他的计划执行，韩信就会陷入求战不得、又无退路的境地，不出10天，就可能会被彻底消灭。可惜的是，陈余迂腐教条又刚愎自用，坚持“义兵不用诈谋奇计”，坚决不肯避而不击，不肯采纳李左车的作战方案。

得知这一消息后，韩信又生出新的计策。既然赵军主帅陈余严重轻敌，又希望速战速决，那就干脆出奇招而制胜。韩信指挥部队开进到距井陉口30里的地方扎下营寨。到了半夜时分，迅速实施作战部署：一面挑选2000名轻骑，让他们每人手持一面汉军的红色战旗，由偏僻小路迂回到赵军大营侧翼的抱犊寨山（今河北井陉县北）潜伏下来，准备乘隙袭占赵军大营，断敌归路；一面又派出1万人为前锋，乘着夜深人静、赵军未察之际，越过井陉口，到绵蔓水（今河北井陉县境内）东岸背靠河水布列阵势，以迷惑调动赵军，增长其轻敌情绪。部署已定，东方露白，决战的一天悄然来临了。

赵军完全没有察觉到潜伏的汉军，只望见汉军背水而列阵，这不就自绝后路了吗？赵军不禁窃笑，觉得韩信置兵于“死地”，根本就不懂得用兵的常识，因而对汉军更加轻视。当然，纯从战术的角度来看，韩信这种布阵方式

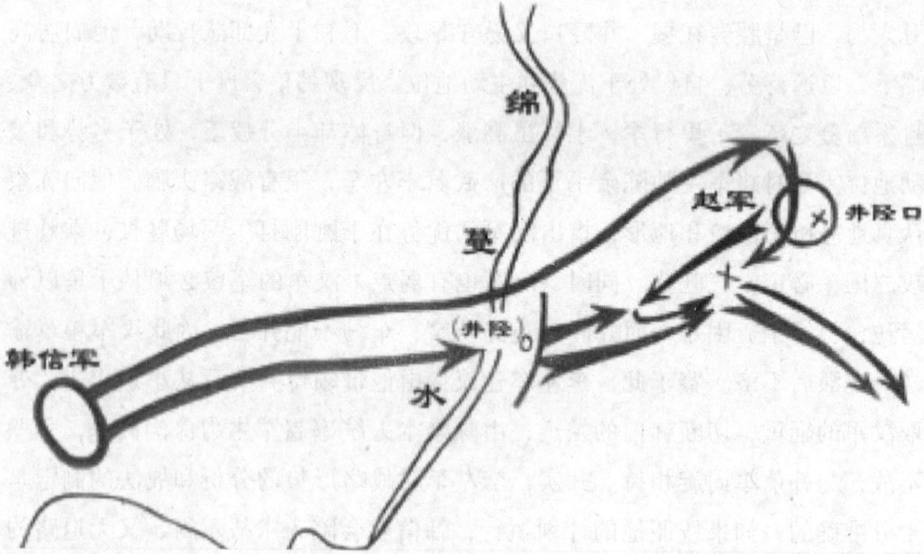


井陉之战示意图

是完全不合兵法规定的——布阵要“右倍山陵，前左水泽”，韩信这种反其道而行的方式，自然可笑。但没想到，就是这种可笑的布阵方式，使赵军一败涂地。

天亮之后，韩信亲自率领汉军，打着大将的旗帜，携带大将的仪仗鼓号，向井陉口东边的赵军进逼过去。赵军见状，不疑有他，踌躇满志地离营迎战。两军戈矛相交，拼命厮杀，不一会儿，汉军就显出败迹，军士且战且退，胡乱扔掉旗鼓仪仗。赵军见状哪有不乘胜追击之理，于是便紧追不放。哪知，这却中汉军的计了。汉军假装败阵，却是在不断地向绵蔓水方向后撤，好与事先在那里背水列阵的部队迅速会合。同时，正因为赵军的紧追不放，使得汉军士兵感到前有强敌，后有水阻，无路可退，所以更是奋力杀敌，人人死战，个个拼命。这使得赵军虽然攻势猛烈，却一时无法前进，受到了阻滞。

就在汉赵双方战况胶着之时，埋伏在赵军营垒翼侧的汉军二千轻骑则乘着赵军大营空虚无备，突然出击，袭占赵营。他们迅速拔下赵军旗帜，插上汉军战旗，使得赵营上空一时间红旗招展，无比威风。赵军久攻背水阵不下，陈余不得已只好下令收兵。这时赵军才猛然发现自己大营上插满了汉军红色战旗，老巢已经易手。这样一来，赵军上下顿时惊恐大乱，纷纷逃散。占据赵军大营的汉军轻骑见赵军溃乱，立刻乘机出击，从侧后切断了赵军的归路；而韩信则指挥汉军主力全线发起反击。赵军无奈，只好仓皇逃向泜水（今河北获鹿南2.5公里，现在已被湮塞）。但汉军哪肯轻易放过他们，紧随而至的汉军很快就将赵军全部歼灭，斩杀了陈余，俘虏了赵王歇和李左车。就这样，韩信背水一战，虽不合兵法，却大获全胜，以极少的兵力战胜了强敌。

井陉之战的胜利，对楚汉战争的整个进程具有重大意义。此时，汉军消灭了北方战场上最强劲的对手，在战略全局上渐获优势，为下一步“不战而屈人之兵”、兵不血刃平定燕地创造了声势和前提，并为东进击齐铺平了道路。同时，此战的胜利，也使项羽陷入到不利的战略态势。井陉之战还充分显示了楚汉双方在作战指挥上的得失高下。韩信取胜的关键在于他能够充分发挥主观能动性，有计划地制造和利用赵军的错误，巧妙地掌握士卒的作战心理，灵活用兵，背水列阵，从而取得奇效，全歼赵军，在战争史上写下了辉煌的一页。而赵军却败在主帅的迂腐和傲慢上，这种迂腐和傲慢使他无视身旁谋士正确的作战方案，一厢情愿地妄断敌军的作战意图，从而丧失了优势和主动地位，遭受灭顶之灾。这场战役留给后人的启示很多，而韩信也成为后世“战必胜，攻必克”的风云表率。

## 娘子关

娘子关是中国万里长城第九关。关于娘子关关名的由来有两种说法：一说唐高祖李渊之女、李世民之妹平阳公主曾率兵驻守于此，平阳公主的部队当时人称“娘子军”，所以此关得名“娘子关”。一说此处有纪念介子推之妹的妒女祠，据说如有妇女艳妆经过此处，必然雷电交加，妒意大发，是为妒女，故此关得名“娘子关”。现今妒女祠已废，只留有唐人所书《妒女颂碑》，珍藏于山西省博物馆。

娘子关位于河北、山西两省交界处，扼太行山井陉口，同井陉关隔山相对，同为军事重地，为山西和河北之间为数不多的通道之一，不论是要保障山西，还是要保障河北的安全，娘子关都起着重要作用。现今石太铁路和晋冀公路均从此关口经过，更使它成为交通要冲。

娘子关因地势险要，自古为兵家必争之地，两千多年的战争洗礼给娘子关留下了丰富的战争文化遗产，古代的关城、谍楼、哨所、城墙、烽火台和近代的战壕、碉堡、军营等战防设施比比皆是。今天我们所能见到的娘子关建筑，是明代嘉靖二十年（1542 年）所筑。娘子关关城位于娘子关镇西，居高阜而筑，西、北濒临绵河。整个关城占地面积 12000 平方米。依山傍水的古城堡有东、南两座关门，城墙长约 650 米。东城门又称外城门，是一般的砖券城门，门洞上方刻有“直隶娘子关”五个字。门洞上方有平台城堡，应为检阅士兵、瞭望敌情而筑。东门里，桃河岸边，有处砖砌石台，传说是平阳公主的点将台。据说，平阳公主在娘子关任帅期间，常常身不离鞍，手不离刀，表现异常勇敢，就在她与柴绍将军结婚以后，仍不忘军中生活。

娘子关的南城门又称内城门，下为砖券，门洞上方额书“京畿藩屏”四个大字；上为门楼，复檐上悬挂一匾额，题字为“天下第九关”。据传说，此城门上的城楼名为“宿将楼”，是平阳公主当年聚将御敌的地方。关城内的街道、民宅明显地保持着唐代的风貌，其中居民多为明清时期的“军户”的后裔。除街道、民宅外，关城内还有关帝庙、真武阁等古迹。

娘子关外有一条蜿蜒起伏的古道，这就是著名的燕赵古道。关城内一条石板铺砌的古街长约300米，宽为3～5米，店铺鳞次栉比。砖石结构的民居

娘子关

院落，古时为兵士所居住。以搭板房为特征的铺面是该地区的经商建筑特色，这种建筑的布局大都以前店、后院的形式出现，形成了独有的商业建筑特色。有的建筑大门宽达3米，院落多为两进式，即前院靠街面是商铺、骡马棚、客房，里院是主人住宅。目前，娘子关的古街道仍保存完好。

因为娘子关具有重要的战略地位，所以发生在这里的战争也很多。唐长庆元年（821年），成德节度使王庭凑叛唐，宰相裴度亲自督师出娘子关讨伐。光化二年（899年），朱温部将葛从周从井陉关攻河东，攻破承天军。五代后晋末年，河东节度使刘知远在晋阳称帝，不久，契丹兵灭后晋从开封北归，到恒州后袭击承天军，烧了承天军市邑，后来刘知远将其收复。

明代，北方蒙古骑兵屡次侵入山西向东叩明京畿大门。明末崇祯十七年（1644年），李自成军的一部分，自长安入山西后，经太原攻占了此关，然后出井陉关与主力会合。

娘子关关城

八国联军侵华期间，瓦德西组织了46起“讨伐队”（其中33起为德军），按当时教徒的记载，“南至正定，北至张家口，东至山海关，均在联军势力圈内，往来逡巡，足迹踏遍。凡拳匪巢穴，无论官衙民居，遇则焚毁，往往全村遭劫。”

在张家口保卫战中，义和团首领大阿吾曾率众设伏于城北烟筒山处，杀死德军指挥官约克上校，导致了德军抢劫明陵计划破产。但最激烈的战斗发生在山西娘子关一线，清军将领刘光才、李永钦指挥忠毅军及武功、晋威各营，自光绪二十六年（1900年）十月至光绪二十七年（1901年）二月，连续击败上万德、法军的多次进攻，并歼灭其一部。关于此战役，清方资料记载甚多，但不被人所重视，大约是由于清军一向夸张战果的原因。但根据2000年访华德国学者提供的资料，在1900年10月到1901年4月间，德军在中国死亡近3000人，其中近半是在进攻山西中损失的。也就是说，在娘子关战役当中，仅仅德军就被击毙1400人以上！这实在是一个极其惊人的数字，从1840年到清朝灭亡，从没有任何一场战役击毙过如此众多的外国侵略军！这也是自明朝末年西方殖民者来华侵略到朝鲜战争爆发，中国军队一次击毙欧洲侵略军最多的数目！

娘子关塑像

抗日战争时期，娘子关曾发挥出防守的作用。1937年10月，日军急于从平型关侵入山西占领太原，受到八路军阻击而失败。后来日军便沿正太铁路线西犯，把娘子关作为一时的争夺目标。1940 年 8 月，在八路军进行的百团大战中，娘子关也曾成为战场。

而今，娘子关早已消散了战争烟云，而它能闻名遐迩的一个重要原因就在于它的山明水秀，景色宜人。娘子关所处的娘子关村位于山西、河北两省交界的平定县内。村子依山而建，顺水而居，房舍多为石头垒砌的，每间房子都有百年以上历史。民居虽说都是石头垒砌的，但从宽窄、大小、高低、先后还是能够区分出各家的财力的。买卖人家的门楣自然会写上“招财进宝”“财源茂盛”等话，也透着几分朴实，也许这正是晋中生意人的特点。其中一座胡家的祖宅就显出了与众不同的气势，它不仅门楼宽大，而且照壁、耳房、厢房等一应俱全，门前的一对石狮子气派非凡，尤其是护墙石块上的砖雕更是精美、细腻。

蜿蜒而至的溪水在娘子关村布下了细密水网，使这座山中小村恍然处于“水世界”中。村中的妇女各自在家门口洗衣洗菜，更有村民在自家的院中修建小桥自娱自乐，让溪水沿着院子转。水给了村子灵气，形成了“人在水上走，水在屋下流”的人间美景。

娘子关瀑布也是娘子关的著名景观，明代王世贞有诗赞曰：“喷玉高从西极下，擘崖雄自巨灵来。”郭沫若于 1965 年游娘子关时有诗《过娘子关》赞道：“娘子关头悬瀑布，飞腾入谷化潜龙。茫茫大野银锄阵，叠叠崇山铁轨通。回顾陡惊溶碧玉，倒流将见吸长虹。坡地二十六万亩，跨过长江待望中。”娘子关瀑布宽 6.5 米，落差 40 米，因邻娘子关而得名。它是泽发水的源头，人称水帘洞，山坡谷中泉眼累累，形成悬泉。当地人称为“海眼”的悬泉，是众泉眼中最大的一个。瀑布落差 30 余米，宽约 10 多米，“海眼”泉水翻滚，激起层层白色浪花，响声震耳。平地涌出的泉水，从“海眼”旁边的峭壁上直泻而下，汇入桃河，形成了水帘洞瀑布。

娘子关镇社火是村民欢度新春佳节的形式，有武打、耍叉等，其内容多为模拟古战场故事。在正月十六上午，村民会自发组织带上长矛、大刀、钢鞭、剑、战旗等道具上街，锣鼓擂起社火便开始，围观人群越聚越多，形成了很热闹的场面。

娘子关镇河灯是流传于娘子关的一种古老习俗。每年农历六月六日是河神的节日，俗语有“六月六，大河大水斗一斗”之说。这天，为祈求河神的护佑，村民在晚上成群结队将灯放于河中，河灯随水漂流，灯光与水色互相映辉，构成了一道美妙水乡夜景。

据民间传说，此俗最早参与者为开河磨的人家和水边居住的人家，后来参与者逐步扩大，演变为村民的一种“祭典”行为。最初的河灯是用木板作为底座，四周彩纸糊贴，中间放麻油，现在用泡沫塑料作底座，糊纸、点腊，制作也比较讲究。

娘子关古镇在两千多年的发展历程中逐渐形成了自己独特的地域特色，对今天的建筑研究有着积极意义。保存丰富的军事设施、特色鲜明的历史街区以及各种丰富的历史遗存都具有较高的历史价值以及旅游开发价值。

## 平型关

平型关是内长城的一个关口，位于山西省大同市灵丘县白崖台乡。因其地形如瓶，因此古时称为瓶形寨，金时改为瓶形镇，明、清时称平型岭关，后改为今名。解放前，平型关属繁峙县管辖，解放后划归灵丘，成为了灵丘同繁峙的分界线。

平型关北连恒山余脉，南接五台山脉，峰峦起伏，沟壑纵横，峪谷幽深，危岩突起。一条峡谷山路，长达3.5千米，东通河北，西接雁门，地势险要，很早就是戍守要地。平型关关楼建于明朝正德六年（1511年），当时朝廷修筑内长城，经过平型岭，遂在关岭上修建关楼，嘉靖二十四年、万历九年都曾增修，这就是后来的关城。

关城虎踞于平型岭南麓，呈正方形，周长3000余米。城楼高约8米，南北东各置一门，东门门洞用券栿相间的方法筑成，高4米，宽2.7米，墙厚2.7米，门额镌刻有“平型岭”三个大字。可惜，此门已毁，据说刻字的门额现收藏在平型关村一户村民家中。关城各门原皆连有瓮城，现仅存北瓮城。城内正中有过街楼，旧时曾设有反武衙门，现已改建为民房。城东 2.5 千米处为关门，门洞内置一块大型石碑，上镌“平型关”三个大字，字体雄健峭拔。城南面东西高处，各有一座烽火台，远远便可望见。城北有大郎城遗址，据传是宋将杨延昭镇驻之地。

平型关北的恒山如屏高峙，关南的五台山巍然耸立，这两座山的海拔都在 1500 米以上。两山之间是一条不甚宽的地堑式低地，平型岭就处在这条带状低地中隆起的部分，所以地势非常险要。由于恒山和五台山都是断带山，陡峭险峻，因而成了晋北巨大的交通障壁，而平型岭便成为河北平原北部与山西相通的最便捷孔道。一条东西向古道穿平型关城而过，东连北京西面的紫荆关，西接雁门关，彼此相连，结成了一条严固的防线，是北京西面的重要藩屏。明清时期，平型关更是京畿安全的屏障。

因为平型关的地理位置重要，因此在这里发生战争就不可避免了。明朝时这里最为重要的战役，是嘉靖三十二年（1553 年），蒙古鞑靼部俺答率兵大举南侵，从大同深入浑源，攻陷平型关的战役。平型关的失陷，使得蒙古兵由此直趋灵丘、广昌（今河北涞源），进逼紫荆关。后因途中遇明将陈凤率军抵抗，并遇连雨天，蒙古兵才不得不引军北归。

在抗日战争的历史上，这里发生了举世闻名的平型关战役。1937 年 9 月 25 日，日本最精锐的板垣师团主力在平型关遭到了林彪率领的八路军一一五师的全力攻击，在此一役歼灭日军近千人，击毁汽车 100 辆，大车 200 辆，缴获步枪 1000 多支，轻重机枪 20 多挺，战马 53 匹，还有其他大量战利品。这一战不仅打乱了日军的侵略计划，压制了日本侵略军的嚣张气焰，而且还极大鼓舞了我国抗日军民的士气，增强了抗战必胜的信念。同时，这一役迟滞了敌人的进攻，迫使敌人进至浑源和保定的一部分兵力转移到平型关方向，因而有力支援了平汉铁路和同蒲铁路友军的作战，使已陷入敌围的郭宗汾部得到支援，免于被歼的厄运。

为纪念平型关战役的重大胜利，我国政府在此建立了平型关战役遗址。

平型关大捷场景的蜡像

遗址主景区规划面积4.8万亩，包括平型关关口、战役纪念馆、主战场乔沟、老爷庙、邓峰寺五个主要景点。1961年，平型关战役遗址被国务院定为第一批全国重点文物保护单位。现在，这里已经成为著名的红色旅游景区。

但令人遗憾的是，今日的平型关已被一条宽阔平坦的崭新公路从中间劈成了两半，我们已经很难看到一代名关雄伟的历史原貌了。

## 雁门关

“天下九塞，雁门为首。”作为外三关中的最大一关，雁门关是我国著名的边塞军事文化胜地，它有“万里长城第一古关、险关、要关”的美誉，在这里发生过的可歌可泣的历史故事可以说数不胜数。诗词乐赋、民间传说，一首首、一篇篇更负载了雁门关厚重的人文内涵。

雁门关位于山西省代县城北20千米处的雁门关村之南，分为东陉关、西陉关，合称雁门关。上古称北陵，夏商周称西陉关，春秋称勾注塞，魏晋分成东陉关、西陉关。历史上雁门之险是汉击匈奴、唐防突厥、宋御契丹、明阻瓦剌的国防要塞。在古代有“得雁门而得中原，失雁门而失天下”之说。秦始皇统一六国、修复万里长城时的《舆图志》中也有“天下九塞，雁门为首”的记载。

雁门关位于雁门山山顶。雁门山古称勾注山，是山西吕梁山脉北支云中山向晋东北延伸的部分，东与恒山相接，略呈东西走向横亘于晋北大同盆地与晋中忻代盆地之间，海拔1500米以上。相传每年春来，南雁北飞，口衔芦叶，飞到雁门盘旋半晌，直到叶落方可过关，故有“雁门山者，雁飞出其间”的说法（《山海经》），因此得名雁门山。现在若于适当的季节到此，人们依然可以欣赏到雁阵过关的奇景。雁门山是断块山，峭拔险峻，难以攀越，自然成为山南陕北的天然屏障。而雁门关建成以后，更使这里成为“一夫当关，万夫莫开”的险要之地，因此有“外壮大同之藩卫，内固太原之锁钥，根抵三关，咽喉全晋”的赞誉。

雁门关依山傍险而建，东西两翼，山峦起伏。山脊长城，其势蜿蜒，东走平型关、紫荆关、倒马关，直抵幽燕，连接瀚海；西去轩岗口、宁武关、偏头关、至黄河边。唐代诗人李贺的《雁门太守行》有云道：“黑云压城城欲摧，甲光向日金鳞开。角声满天秋色里，塞上胭脂凝夜紫。半卷红旗临易水，霜重鼓寒声不起。报君黄金台上意，提携玉龙为君死。”由此可见雁门雄关的豪迈气势。

作为我国长城关塞建筑文化中的精品，雁门关素有“九塞尊崇第一关”之称。现今我们能见到的雁门关建筑为明洪武七年（1374年）吉安侯陆亨贬于代州时所建，景泰、正德、嘉靖时有增修，万历年间复修，共历时600余年。雁门关由关城、瓮城和围城三部分组成。关城城墙高10米，周长约1千米。墙体以石座为底，内填夯土，外包砖身，墙垣上筑有垛口。关城的东西北三面开辟了城门，门洞用砖石叠砌，设有一道门洞板，青石板铺路，过雁穿云，气度轩昂。三座关门的门额位置上均镶嵌了石匾，东门门匾镌刻着“天险”二字，门上建“雁门楼”，为重檐歇山顶建筑，面阔五间，进深四间，四周设回廊，正面明间为隔门，两顶间为砖砌墙，背面除两圆形窗户外，其余用砖砌成。平板枋上施以斗拱，有昂有翘，屋顶交以青灰瓦，正脊两端安大吻，四角悬挂风铃。楼内空畅，供兵丁巡察、瞭望；西门门匾上刻“地利”二字，其门楼为杨六郎祠，两侧塑孟良、焦赞像，供设杨六郎铁刀一把，大炮两尊。相传，祠中铁刀为杨六郎于北宋仁宗年间留下，当时杨六郎为元帅驻守雁门关，正值隆冬大雪封山季节，城中3000兵马衣食粮草紧张。辽军乘机重兵围攻，杨六郎一面派人突围出去火速搬兵，一面激励将士坚守城池，两军伤亡十分惨重。相峙数天后，辽军依然围攻不懈，宋军援兵还杳无音信，城中粮草眼看就要用完。面对蜂拥而上的敌人，杨六郎实在不知如何是好。正在焦困之时，被眼前的情景所吸引，但见两个挑水的伙夫让脚下的冰滑倒，半天挣扎不起来。杨六郎见状立刻心生计策，即令将士挑水上城，一桶桶倒在城墙上，寒冷的天气使水落地成冰，把城墙如兵甲般冰冻了起来。辽军再次攻城时，因城墙光滑难攀，从云梯上摔得横尸遍地，杨六郎便乘势打开城门，手持寒光闪耀的铁刀率部冲锋陷阵，大败围城敌人。那把铁刀遂成为杨六郎兵临绝境，以智取胜以少胜多的见证和象征；北门其实是瓮城的城门，门额书刻“雁门关”三字，两侧镶嵌对联“三边冲要无双地，九塞尊崇第一关”。北门上有楼，砖木结构，是瓮城门楼。目前东西门楼都已被毁，北门也坍塌成了一处豁口。位于关城北侧地利门外的瓮城，高度只有关城高度的一半，设有暗门。门关的围城随山势而建，城廊为石头边墙，周长5千多米。城墙的南端分别与关城的东西两翼相连，向北则沿着山脊延伸到谷底合围，合围处建有城门。此城门坐南朝北，上筑有宁边楼，俗称明月楼，为明代嘉靖年间所建。围城门外接石拱关桥连关道，据《雁门关地理总考》载，围城以外依次设大石墙3道，小石墙25道，起到了屏障的作用。

雄伟的雁门关虽经过了历史上的多次战争，可千百年来却一直在长城线上巍然屹立着，这其中的原因就在于关外双关两城的“护驾”。双关即东西陉关（我们前面介绍的雁门关关城建筑主要是指双关中的东陉关），两城即新旧广武城，双关两城才是阻挡入侵之敌的前沿阵地。

双关两城地处要冲，呈斗形，扼守着通往雁门关惟一的一条沟谷小路，这无异于卡住了通往关城的咽喉。北宋太平兴国的宋辽之战中，杨业就是利用了新旧广武城固若金汤、互为犄角的地理优势，把十万契丹来犯之敌困在了十里峡谷中，从而大获全胜的。

当地有个“新城不新，旧城不旧”的说法，这主要是因为新城建在战国时期的城关遗址上，明代时进行了重新修整。旧城为辽代所建，比新城晚1000多年，但又比明代重修新城早200年。新旧广武城名称来历在史料中没有明确的记载，只有几种民间传说可供参考：一说出自汉代汉广武帝的谐音；一说是这里驻守过李牧、霍去病、郭子仪、杨业等历史名将，有广聚武将之说。旧广武城在西陉北，现墙体保存基本完整。城周长1600多米，设有东西南门，为御北方来敌不建北门，南、西、东的墙体已不完整了，只有南门外还有一个残留的小瓮城。墙体每隔50米就有一个凸出的“马面”，上面有方孔，下面有射孔，备有滚木雷石。

新广武城要比旧广武城大一些，城高10米，周长1.5千米。历史上在这里发生的战争多与旧城有关，据说汉代的白登之战即与这里有着重大联系。新城空无一人，过去也只是驻扎军队，一块高10多米、雕刻龙首的石碑断裂成两半，倒在城下。这座石碑比城墙还要高，城墙上还有石碑长年遮挡阳光留下的阴影。当地有“半座城墙上有道门”的说法，城门距地有2米高，当年为防洪水修建了吊桥。如今洪水携带来的泥沙已经与城门等齐了。城东有一座孤零零的石山，山上有一座烽火台还顽强地固守在上面，这座烽火台应该说是雁门关的最前线了。可惜，新旧广武城没有消失在历史的战火硝烟中，却被来自北方的狂风黄沙掩埋了昂扬的身躯，消失在人们的视线里。这不禁在令人遗憾之余，又让人们对自然环境的现状多了几分忧思。

在雁门关的周围，还有许多珍贵的历史遗迹。李牧祠，亦称武安君祠、

雁门关

靖边祠、镇边祠，位于关城天险门外东侧，为纪念战国时赵国良将李牧而建。祠宇建筑规模宏大，山门前有石砌平台，上竖石制旗杆一副，配设石狮一对。正中左右各筑踏朵台阶，并配以石雕、石栏柱、石栏板。山门两旁建有钟鼓二楼，祠院分前后两院，前院两侧为厢房，正面过殿供奉着李牧塑像，背面供有韦陀像。过殿两侧留过道，设东西库房。后院正殿为大雄宝殿，供有一佛二菩萨。正殿左为方丈，右为祖师堂，东西配房为师房。在主殿东边，顺台阶而下有窑屋多孔，名九窑十八洞，石基砖券，曾为兵堡。祠内悬挂着朱衣道人傅山的亲笔对联："重台唱法祥云遍覆菩提树，莲台传经瑞口光临极乐天。"现有残碑 13 通。

关陵，位于南古关道中盘道侧，为雁门关历代阵亡将士公墓陵园。墓丘林立，墓碑森然，皆倚崖面道，气氛肃穆。

长平桥，位于关南谷底营房沟交汇处，随山就势，恃险扼守，和平时期为通商津口，战乱期间为守关之卡。石拱基座飞虹于深涧，总高 10 米，宽 6

米多，跨度50米，桥畔立有长平桥碑。

马公墓，位于长平桥北。马公是孪生兄弟，曾任雁门关总兵。相传雁门关道虎害成灾，昼伏夜出屡伤百姓及过往商旅，使熙来攘往的雁门关道几成绝路。马公兄弟遂自荐除害，后弟在与虎搏斗中不幸遇难，兄承弟志，愤杀虎于道旁，使雁门关道恢复了往日的祥和热闹。为了纪念马公兄弟除害之功，当地百姓捐资立碑，曰“马公杀虎处”。

雁门关自古就是军事重地，这是广为人知的事实。但也许你不知道，雁门关又是一条商埠路，这条路上也写下了一部中原与塞外的和平发展史。

古时，闯南洋、下关东、走西口是中原人向外谋生的三条途径，而雁门古道就是“走西口”的重要交通线。“商埠经济多门路，财源如水流代州。”雁门关下的古代州城有大小商号300多。商务远涉迪化（乌鲁木齐）、库伦（乌兰巴托）、海拉尔、北京、上海、苏州、成都等大中城市。归绥（呼和浩特市）著名大商号大盛魁掌柜王廷相（代州人）使大盛魁商务达到鼎盛，被誉为商界“福星”。古城还有大小票号56家，当铺26家，钱庄30家。这些票号、商号的流通都是从雁门关走向外地的。有了这条商埠路，关内关外经济的往来就频繁了，文化交流就畅通了，人们所期盼的和平也就有了基础。有了这条商埠路，也就成就了如今代州文化融草原文化与中原文化于一炉的鲜明特征。

今天，雁门关已是中国北方古代边塞文化、关隘文化、战争文化、军事文化荟萃的新兴旅游区，越来越多的人来到雁门关，感悟华夏五千年沧桑文化。2001年6月25日，雁门关作为明朝古建筑，被国务院批准列入第五批全国重点文物保护单位名单。当地政府为进一步开发雁门关的旅游资源，也制订了一系列详细的雁门关建筑复原规划。有理由相信，雁门关的未来会因它厚重的历史文化内涵而熠熠闪光。

## 知识链接

### 六郎的神箭

杨六郎率领众兵将，一鼓作气，杀得辽兵由雁门关退到马邑滩，又由马邑滩退到担子山（朔县、平鲁交界的山叫担子山）。六郎见辽兵大败，心中暗喜。转念一想，喜去愁来，军中粮草不多，如何是好？六郎在营中转来转去，忽然心生一计。次日晚，六郎命兵将趁黑夜悄悄出动，挖的挖，刨的刨，才半夜工夫，在朔州川便堆起了上百个土山包，上边盖上了苇席，用绳子扎好，很像一个个“粮草堆”。

辽兵几天来吃了败仗，一路上丢盔弃甲，终日里惶惶不安。辽王身在军帐，坐卧不宁。一天清早，有一探子来报：“大事不好，六爷爷谋住和咱干呀，一黑夜运来好些粮草。”辽王一听杨六郎备下大量粮草，准备要捣辽兵的老窝，吓得魂飞天外，立即派人与六郎和谈。六郎见了来使，哈哈笑道：“和谈不难，看你退我一马之地，还是一箭之地？”辽使心想，让一马不知跑多远，让他一箭能射多远？便道：“甘让二箭之地。”话音刚落，六郎昂首挺胸走出营外，大喝一声：“拿弓箭来！”只见六郎搭箭上弦，弓如满月，轻轻一放，那箭脱弦而去，便消失得无影无踪。

杨六郎神机妙算，早料定辽王会有这一招，早已暗中派将士骑马跑到大青山（今内蒙土默川平原以北），把一支箭插进山石缝中。辽兵一路寻找，一直找到大青山，才找到这支箭。无奈，辽兵只好退到大青山了。

## 宁武关

宁武关，在今陕西省宁武县城区，是历史上著名的山西“三关”（外三关）之一。古时，宁武关属晋北古楼烦（古部落名）地。战国时期，赵武灵王为抵御匈奴，在此设置楼烦关。秦汉时期，楼烦关即属楼烦县地界，现在宁武县南的宁化村就是楼烦关南口，县北的阳方口，即为楼烦关北口。北魏时期，楼烦关先后属广宁、神武二郡，隋朝时先后属崞县、静乐县，直到唐朝才设置了宁武郡，宁武之称也是从那时开始使用的。关于“宁武”这一名称的来源，有两种说法：一说“宁武”是取广宁、神武二郡尾字而得；一说当地原有宁文堡，为取文武对应之义，才为此地取名“宁武”。

宁武关故址正当吕梁山脉北支芦芽山和云中山交会的谷口。谷口宽广，敞向北面的朔县盆地。三面环山，北倚内长城，深居于四面屏蔽的腹地，形

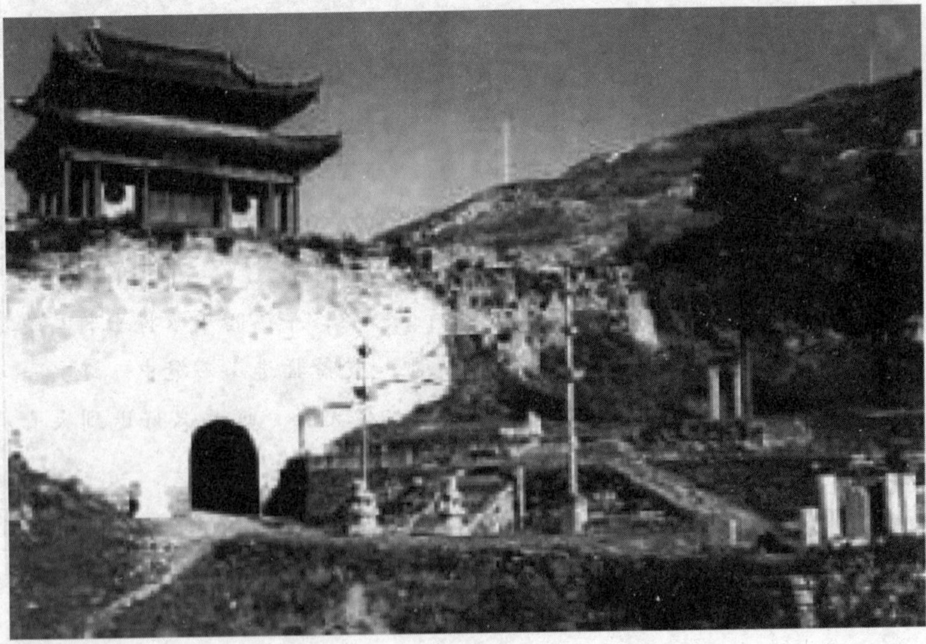

宁武关

势稳固，易守难攻。这里处于大同、朔县联合盆地的南缘，地形高亢。山西省内两条大河桑干河和汾河都取源于此，分流南北。东西两面又有滹沱河、黄河的支流由此流出。如此丰富的河流，为这里的交通提供了便利，从这里出发，北上可以到大同，南下可以抵太原。

据史料记载，现在的宁武关始建于明成化三年（1467 年），成化、正德、隆庆年间均有修缮。宁武关是三关镇守总兵驻所所在地，地处“三关”中路，素有“北屏大同，南扼太原，西应偏关，东援雁门”的战略作用。现存关城旧址范围分为西关和东关两部分，雄踞于恒山余脉的华盖山之上，邻恢河，俯瞰东、西、南三面，蔚为壮观。成化二年（1466 年），增修宁武关，使关城周长达约 2 公里，基宽 15 米，顶宽 7.5 米，墙高约 10 米，城东、西、南三面开门。成化十一年（1475 年），在巡抚魏绅主持下，关城再次得以扩建。到弘治十一年（1498 年），关城又被扩建，周长达 3.5 公里，呈长方形，城墙高大坚固，四周炮台、敌楼星罗棋布。另增辟北门，并在北门上建了一座飞楼，命名为镇朔城。几经扩建的宁武关虽然十分壮观，但这时的城墙还是

宁武关鼓楼

用黄土夯筑而成的，直到万历三十四年（1606 年）才用青砖将城墙全部包砌了起来。同时，在原东西两门之上修建了两座城门楼，又在城北华盖山顶修筑了一座巍峨耸峙的护城墩，墩上筑有一座三层重楼，名为华盖楼。

现在，宁武关建筑基本已经倾圮，只剩下位于城中心的一座鼓楼历经风雨，依然挺立，也让我们由此闻得沧桑历史的一缕余音。宁武关鼓楼，是宁武关的代表性建筑，位于今宁武县城人民大街，平面布局基本呈正方形。此楼下座为砖砌券拱十字穿心洞，外观为三层三檐九背重檐木结构歇山顶，通高 30 余米，气势宏伟，为省重点文物保护单位。鼓楼内的文物陈列中，有宁武县古寺出土，当年修筑长城时用过的大水缸和戍守长城的将士们使用过的各种兵器。

关于宁武关还有一个美丽的传说。因宁武位于凤凰山之北，就有传说宁武本由凤凰所变，遇敌侵犯可神奇地飞走，故又有“凤凰城”之称。现自高处俯视，与内长城相连又筑有二十公里长的边墙的宁武关，确实像展翅欲飞的凤凰：关城城池犹如凤身，城北华盖山护城墩酷似凤首，东西延伸的两堡俨然如凤翅，南城之迎薰楼正如高翘的凤尾，雄居城中的鼓楼堪称凤凰的心脏。如此美妙的图景，怎能不让人浮想联翩，感叹不已！

谈到宁武关的历史，就不得不说起明朝。可以说，在中国历史上，明朝是与少数民族征战最频繁的朝代，它先与蒙古相争，建立了政权，最后又亡于满清。但明朝统治者也深知自己国力衰弱，建立政权后依然没能将蒙古残余势力扫清，后来迁都北京，就更把自己的政治中心展现在蒙古面前，明朝与蒙古的征战也变得更加频繁，这对明朝来讲无异于加重了经济负担，也为统治留下了更多隐患。在这种情况下，明朝统治者为了抵御蒙古的进攻，在北方不断设险置关，修筑防线，外三关就是在这时应运而生的，而居于外三关之一的宁武关也就始建于此时。宁武关的创设、加固以及沿关防戍的修筑，将偏头、雁门、宁武三关连为一线，有效地加强了明朝北部边防，在相当时期内保障了三晋人民的安全。

## 知识链接

### “内三关”与“外三关”

明朝时为了抵御蒙古的进攻，在北方不断设险置关、修筑防线，形成了外边与内边。所谓内边，是指西起山西偏关县，经神池、宁武、代县、朔县、河北蔚县等地，东抵河北延庆县的内线长城，蜿蜒1000多千米。在这条防线上，创关设堡，驻守军队。在河北境内者，沿线设紫荆、倒马、居庸三关，故称为“内三关”。在山西境内，设偏头、宁武、雁门三关，称为“外三关”。外三关之中，偏头为极边，雁门为冲要，而宁武介二关之中，控扼内边之首，形势尤为重要。故《边防考》上说：“以重兵驻此，东可以卫雁门，西可以援偏关，北可以应云朔，盖地利得势。”

宁武关是三关中历代战争最为频繁的关口。当时北方诸民族只要南下，必经三关。偏关由于有黄河作为天险，只有冬季匈奴的骑兵才可以踏冰而过，而雁门以山为天险，骑兵难以突破。宁武关所靠的恢河是季节性河流，在恢河断流的季节，匈奴骑兵就沿河谷挥师南进，直抵关下，当时恢河河谷可容“十骑并进”，所以大多数时候宁武关都成为游牧民族和农耕民族交战的主要战场。历史上因鲜卑、突厥、契丹、蒙古等游牧民族封建主南下掠掳，经常选择宁武关为突破口，所以在很多历史时期，这里的战争几乎连年不断。在宁武关千百年来的战争纪录中，最后一场大仗发生在明末崇祯年间。

当时关防的设置，不仅有警边御敌的意图，同时也有防止和镇压国内反抗的意图。由于前几任皇帝的横征暴敛，以及对于蒙古的多次用兵，到了崇祯皇帝期间，国库空虚。而此时蒙古势力逐渐弱小，满洲势力大增。为取得战争胜利，崇祯皇帝加征兵饷。朝廷征一分，官员征十分。在朝野腐败的情况下，激起了民变。李自成从陕西起义。在对大明朝的战争中，宁武一战非常惨烈，宁武破则北京危险。因此在此战上，双方都拼尽了全力。明末这里曾发生过一场极其重要的大战，但攻关的却不是来自北方的入侵，而是来自后方的攻击。

当明末农民起义的风暴席卷陕、晋大地时，宁武关又成为抵御李自成农民起义军北上的堡垒。公元1644年初，李自成在西安称王后，随即率大军北渡黄河，取道山西进行北伐。起义军一路势如破竹，很快便攻占了太原。当向北攻克雁门关准备攻击大同时，发现明军在宁武关聚集了大批军队，有侧击起义军的企图。当时李自成由于曾经在罗城吃过周遇吉的败仗，认为他是一块硬骨头，是有些害怕的，所以准备放弃攻打宁武关，绕城而走，直取大同，尽快攻击北京皇城，然后再攻击无援的宁武。

后来在军师的劝说下，以及宁武关在三关中相互策应的重要位置，李自成又返身南下，奋战七昼夜，以惨重的代价击败镇守雁门关的三关总兵周遇吉，为夺取北京扫清了障碍。如今在宁武恢河东岸，仍有周遇吉之墓，为砖石所筑。这一战整整打了七个昼夜，起义军经血战最终破城全歼了守关的明军，但打得却十分艰苦。这一战也充分见证了宁武关的险要与坚固。也正是因为这一战，坚定了崇祯誓不南迁的决心。他认为，凭借层层险关足可窒碍起义军的攻势，可从容等待各路勤王之师的到来。但他怎么也想不到，自宁武大战之后，大同、宣化、居庸关的三处守军，以及调去的援军，竟然全部不战而降。层层险关要塞全成了摆设，致使起义军一路长驱直入，迅速包围了北京城。在那场势如破竹的农民起义中，农民军在宁武竟然苦战七昼夜，付出了惨重代价，以至于到处开仓放粮的李自成一怒之下火烧宁武关，说明宁武关的坚固与险要，如此惨烈的战争也说明宁武关在军事地理位置上的重要作用，宁武关亦因此闻名天下。

宁武关见证明王朝的衰败，其实某种程度上也说明：真正的关口不在于关，而更在于人。

## 偏头关

偏头关位于山西省忻州市偏关县黄河边，与宁武关、雁门关合称“三关”，即通常所说的外三关。“雄关鼎宁雁，山连紫塞长，地控黄河北，金城巩晋强”，这是古人对偏头关的赞誉，而偏头关的名字则是因其东仰西伏的地势而来。

偏头关地处黄河入晋南流之转弯处，历史悠久，且为历代兵家争夺的重地。早在春秋战国时期，这里就是战场，赵武灵王曾在这里置儋林郡；秦汉时这里属雁门；隋属马邑；唐置唐隆镇；到了五代十国时期北汉末代皇帝刘钧于天会元年（957 年）置偏头砦；北宋时这里成为与西夏交兵的国防前线，因驻扎重兵，地位一度非常高；辽置宁边州；金时仍用该称呼；元代时候州、县俱废，改偏头砦为偏头关，明洪武年间始筑今天的关城，明成化年间设偏

偏头关形势

头关守御千户所，嘉靖年间上升为路城，万历年间又大规模建设此城，称为“九塞屏藩”；清雍正年间改偏关为县，属宁武府，又名通边关。偏关城历经明清两代兴建，规模大展，尽管四面环山，地处盆地，但随着东高西低的山势，像一只头枕塔梁山，卧于关河川的巨犀，又称“犀牛望月”城。城内大街纵贯南北，楼房林立，商贾云集，街市一新。明清建筑古民居，青瓦房舍，各抱地势，一展古色古香的风韵。城中央的钟鼓楼，石基砖拱，红墙青瓦，飞檐歇山顶，雄姿稳健，十分气派。

偏头关关城，在今偏关县城中部偏西关河北岸，为省重点文物保护单位。据民国所著《偏关志》记载，偏头关始建于明洪武二十三年（1390 年），当时负责此项工程的是镇西冲指挥张贤。后于宣德、天顺、成化、弘治、嘉靖、

偏头关关城

隆庆、万历年间均有修建。值得一提的是万历年间的扩建，此次扩建分别在西关和南关各筑了两座女城、两道水门，并沿河筑了堤坝，规模初备，始称“九塞屏藩”。

偏头关关城形状不规则，东西长 1 千米左右，周长约 2.5 千米。城墙为内土外砖结构，高约 10 米，东、西、南三个方向分置三道城门，每道城门均建有瓮城。三道城门门额各嵌有一块石匾，分别写着“晋北锁钥”“文明启瑞”“永镇边陲”等豪言壮语。当年，偏关城高大坚固，气势雄伟，有“铜偏关”之称，但历经风雨，如今关城的东部城墙已全部毁坏，只有南门至西门一带砖石大部犹存。

偏头关外有四道边墙：第一道称大边，在关外 60 千米处，东起平鲁县崖头墩，西抵黄河，长 150 千米，无墙而有藩篱。第二道称二边，在关外 30 千米，东起老营鸦角墩，西至黄河岸老牛湾，南至河曲县石梯隘口。这道边墙实际上是外长城的一部分。第三道在关东北 15 千米，东接老营堡，西抵白道坡，长 45 千米。第四道在关南 1 千米处，东起长林鹰窝山，西达教场。现在，我们还能在黄河岸边的桦林堡地段看到残存的边墙，这部分边墙虽也为夯土筑成，但却全部包砖，这大概也是它至今依然挺立的一个重要原因。远望这残存的 30 千米边墙，在河岸上蜿蜒高耸，虽也刻满了历史沧桑，但仍给人一种威严壮观之感。

偏头关的重要军事作用不言而喻。在明代，这里实际上已处在北界，北接蒙古高原，西隔黄河与鄂尔多斯高原相对。同时，这里也是内外长城交接处。当时，蒙古势力不断侵犯边界，稍后又深入鄂尔多斯内部，屡犯晋西北，于是偏头关就成了蒙古兵和明军较量的重要场所。在抗日战争时期，偏头关是晋西北根据地。1938 年，日本侵略军集中万余人，分两路围攻该抗日根据地，并乘机占领了宁武、偏关等县城。但在当地百姓的大力配合下，八路军很快就夺回了偏关。

除了重要的军事作用，偏头关也是晋北与内蒙古互市的通商口。在战争间隙的和平时期，边禁就会开放，关城及其周围的一些堡寨就成为蒙汉人民互市的区域。在互市开放之日，关城和堡寨的军民会燃放礼炮、鼓角齐鸣，以示庆祝。边地将领、政府官员、各地商人都纷纷赶赴互市区，进行商品交流。当时，蒙古族长以大批草原骏马同汉族人交换丝棉织品、茶叶等物。在商品交流的同时，不同民族间的感情也得到了交流。

如今，关城、堡寨、边墙早已随着时间的流逝而失去它们当年的作用，成为了历史的遗迹，但各族人民情感交融的河流却不会因此而断流，就像那滔滔滚滚的黄河水般长流不息。

## 知识链接

### 偏头关凌霄塔

凌霄塔为偏头关之一大景观，位于偏头关东南1千米处，系明代建筑。此塔为砖石结构、八角形楼阁式空心雁塔。基座二层，塔底部周长29米，塔高35米。从二层开始，每层四个窗洞。由内壁隐筑楼梯，保存完好。

据有关碑文记载，凌霄塔初建于明代天启元年（1621年），始为七级。崇祯八年（1635年）加高四级。清康熙十八年（1679年）、咸丰七年（1857年）均有维修。凌霄塔的外观形似文笔，故名“文笔凌霄”塔。

## 嘉峪关

素有“中外钜防”“河西第一隘口”之称的嘉峪关，是明代万里长城的西部终点，是丝绸之路的重要关卡，也是明代长城沿线建造规模最为壮观、保存程度最为完好的一座古代军事城堡。耀眼的阳光下，漫漫的黄沙间，它伸展的两翼横越沙漠戈壁。而那蜿蜒的长城则仿佛出关游龙，一路奔向那万里之外与它遥相呼应的东端起点——山海关。

夕阳下的嘉峪关

嘉峪关位于甘肃省河西走廊的西端，自古便是丝绸之路的咽喉要冲。沿河西走廊过凉州，到甘州一段，南面的祁连山与北面的龙首山、合黎山略有些平行。过甘州往西，走廊的地势又逐渐开阔起来，南北纵横数百里之广，地势平坦。而到了肃州以西，南有祁连山，北有黑山峡，两山间的距离很短，中间形成了一个峡谷，宽不足15千米，其地势如瓶颈，紧紧地控制住了通往西域的大道。嘉峪关便坐落在这个峡谷地带的一个岩石岗——嘉峪塬上。占据着这样狭谷穿山、危坡逼道的险要地势，嘉峪关的重要作用不言而喻。

嘉峪关虽地处险要之处，但矗立于大漠边缘，没有充足的水资源，再险要的雄关恐怕也发挥不了太大作用，不过嘉峪关并不会为此发愁。发源于祁连山北麓的讨赖河，自嘉峪关东南面滔滔而过，哺育着肃州西北面的广阔土地，也为嘉峪关提供了充足的军需给养。而且，嘉峪关东南的嘉峪山下还有一眼清泉，名为峪泉，又名“九眼泉”。此泉水冬夏澄清，碧波不竭，既可供人饮用，又能灌溉农田，为嘉峪塬的茫茫戈壁增添了数顷绿色，也成为嘉峪关的根本命脉。

嘉峪关关城

嘉峪关的西面是一片开阔的戈壁草滩，这片戈壁草滩在黑山峡的南面，面阳背山，山间又有瀑布、湖水，这样的地势易守难攻，因此自古便是兵家必争之地。

嘉峪关正北面不远处便是黑山峡了。黑山峡地势非常险峻，山外悬崖峭壁，山内沟壑相通。在这里屯兵，能给敌人以出其不意的打击。明代曾在这里屯兵，公元 1593 年明朝军队曾在这里打败了长城北边的侵略者，还为此在黑山脚下立一石刻，上书“北漠清尘”四个大字。

这样优越的战略防守条件，自然是建关设隘的理想之地。明洪武五年(1372 年)，朝廷在此建嘉峪关，至公元 1540 年关城才得以完工，前后历时 168 年。嘉峪关关城布局合理，建筑得法。关城有三重城郭，多道防线，城内有城，城外有壕，形成重城并守之势。它由内城、瓮城、罗城、城壕及三座三层三檐歇山顶式高台楼阁建筑和城壕、长城峰台等组成。

内城是关城的主体和中心，其周长 640 米，面积 2.5 万平方米，城墙高 9 米，加垛墙 1.7 米，总高 10.7 米，其中 6 米以下为黄土夯筑，6 米以上用土坯加筑。这样的筑墙工艺看似普通，实则却大有讲究。据嘉峪北段长城下出土的“长城工牌”记载，修筑城墙所用的黄土都经过了严格筛选，然后还要经过一定的加工：将选好的黄土放在青石板上，让烈日烤晒，将草籽晒死。除工艺讲究外，工程的验收也是十分严格的。但是验收城墙质量的方法是在距城墙一定距离内，用箭射墙，如果箭头射不进去，证明城墙坚固合格；如若箭头射入墙体，则证明工程不合格，要进行返工重建。也正是因为有了这样的工艺和严格的验收制度，才使得关城城墙历经六百多年的风雨剥蚀，仍大部分保存完好，且依然牢固。

## 知识链接

### 长城工牌

长城工牌1975年发现于嘉峪关关城到石关峡段长城的城墙顶部夯土中。这段长城和嘉峪关关城南段的明墙在明代统称为肃州西长城，工牌的位置距此段长城北端1千多米。

工牌为青石质小石碑，碑体较规整，高19厘米，宽11.5厘米，厚2厘米。两面阴刻文字，字体为楷书，端庄有力，形态秀美，共58字。工牌正面竖刻两行字，共22字，正中刻“弟（第）一工起”4个大字，右边刻“加靖十九年七月初一日起初十日止第一工”一行小字；背面文字分上下两部分，共36字。上部刻4个大字“蔡止梅起”。下部竖刻6行32个小字“一工李清队起，二工梅喜队，三工王元队，四工侯勋队，五工位宗队，六工张昙队止”。

从工牌的内容可以看出，当年修筑肃州西长城时，工程采用分工段逐级承包方式修筑，即把工程分为几个大工段，每一大工段又分为若干小工段，每个小工段由一个施工队承建。依工牌的内容及工牌出土的地段到肃州西长城北端1000多米余可以推断，第一大工段约300丈，分为6个小工段，由6个施工队，在10天的时间内完成。这种由大到小的多层管理施工方式，分工明确，责任到人，在很大程度上确保了修筑长城的工程进度。

长城工牌

根据《肃镇华夷志》可知，主持修建肃州西长城的是平崖公，也就是嘉靖十八年（1539年）肃州兵备道副使李涵，时任陕西左参政；修建长城的是由三人——凉州卫指挥蔡纪、山丹卫指挥纪纲、肃州卫指挥梅景分工完成的，三人分别督修各自的工段。可能的情况是，蔡纪负责第一工段，梅景负责第二工段，纪纲负责第三工段。工牌刻字“蔡止梅起”中的“蔡”就应当指的是蔡纪，“梅”就应该指的是梅景。“蔡止梅起”的标记表明了二人分工的界线位置。此牌所标记的位置为蔡纪负责工段的终点，也是梅景负责工段的起点。

此牌现收藏于嘉峪关长城博物馆。

内城有东西二门，东为光华门，面向东方，表示旭日东升，光华普照大地，因此以“光华”二字命名。西为柔远门，“柔远”二字的意思是明王朝对边陲（关外）各游牧民族实行“怀柔”政策，安抚边远地区，以实现长治久安。东西城台上分别筑有光华楼和柔远楼。其中“光华楼”为三层三檐歇山顶式结构，楼高 17 米。楼阁第一层为砖木结构，第二、三层是木结构榫卯咬合而成的。虽然经历了近 500 年的风风雨雨及地震等自然灾害，仍巍然屹立于关城之上，尽显中国古代建筑艺术的高超和精妙。

西门外百余米处，有清代刊立的“天下雄关”石碑。清嘉庆十四年（1809 年）肃镇总兵李廷臣视察嘉峪关防务时，见这里南有祁连雪山，北有黑山，关势雄伟，便写下“天下雄关”四字并勒石为碑，给后人留下了永恒的纪念。

内城东西二门都有瓮城回护，面积各有 500 余平方米。东西两瓮城布局森严，东瓮城门楼眉额刻“朝宗”两字，表示过往朝廷官员虽远行“极边”，但仍不忘朝廷和君王。与此相对的“西瓮城”，门额刻“会极”二字。意即从西域来的诸侯、仕官、商旅，亲善友好地在这里相会，从这里经过，向中

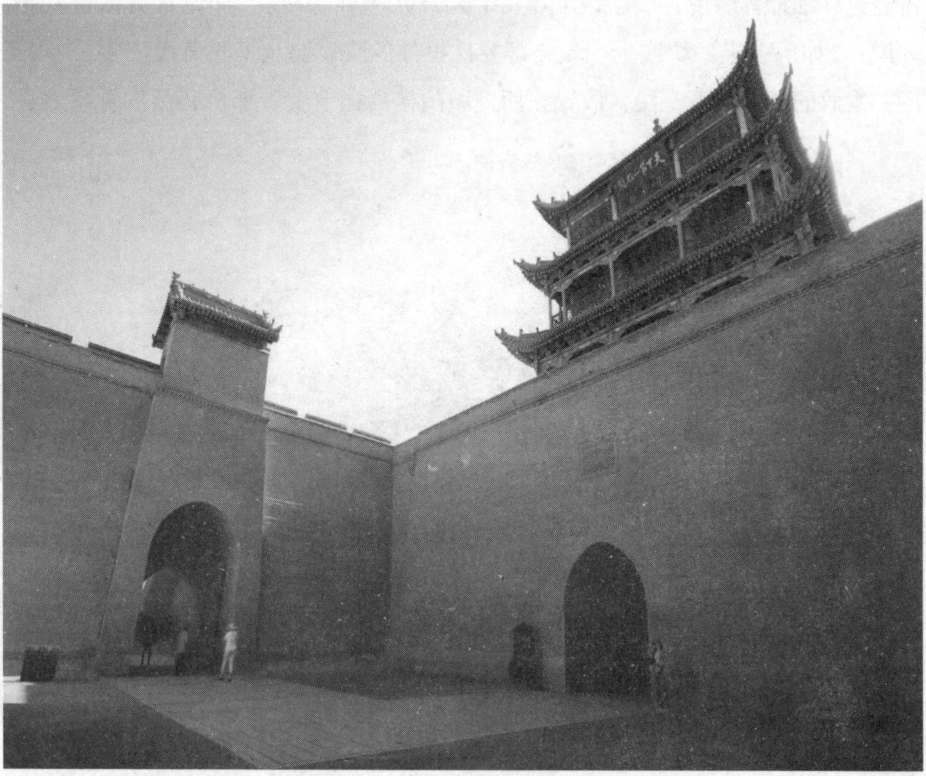

嘉峪关城楼

原王朝朝贡。西瓮城也辟门南向，不与内城门直通，使关城更加肃穆幽深，成为内城的一道防线。

西瓮城西面，筑有罗城，这就是外城，外城比内城高出 2.7 米。罗城城墙正中面西设关门，门楣上题有“嘉峪关”三字。罗城的城台上也建有一楼，名为“嘉峪关楼”。“罗城”是应敌的正面，“凸”字形城墙全部用砖包砌，非常坚固。“罗城”南北两端建有“箭楼”，是观望关西、关南、关北烽火的设施。两端与外城墙相接，外城墙又与关城南北的长城相连。

西瓮城门楼后檐台上的一块砖，叫定城砖。相传明正德年间，有一位名叫易开占的修关工匠，精通九九算法，所有建筑，只要经他计算，用工用料均十分准确和节省。负责工程材料的官员不信，要他计算嘉峪关用砖数量，易开占经过详细计算后说：“需要九万九千九百九十九块砖。”那位官员依言发砖，并说：“如果多出一块或少一块，都要砍掉你的头，罚众工匠劳役三年。”竣工后，发放的砖只剩下一块，放置在西瓮城门楼后檐台上。那位官员发觉后大喜，

嘉峪关关城内景

正想借此克扣易开占和众工匠的工钱，哪知易开占不慌不忙地说：“那块砖是神仙所放，是定城砖，如果搬动，城楼便会塌掉。”那官员一听，便不敢再追究。这块砖就一直放在原地，至今这块砖依然保留在嘉峪关城楼之上。

内城四角有角楼，也叫“戍楼”，形如碉堡，是守城士兵值勤放哨的地方。南北城墙建有敌楼，是放置兵器的地方。站在这里回望，“光华楼”“柔远楼”及“嘉峪关楼”三座高大建筑，同在一条中轴线上。这种“过洞式城门”及高台楼阁建筑形式，是中国几千年建筑历史及建筑形式的延续和发展。

东瓮城外有文昌阁、关帝庙、戏楼，城内靠北有游击衙门府一座，都是清代建筑。文昌阁，始建于明代，重建于清道光二年（1822 年）。楼阁为两层两檐歇山顶式建筑，底层两边为单间铺房，四周立红漆明柱 18 根，形成回廊。内为面宽三间、进深二间的官厅。四面装有花格门窗，上部绘制有山水人物彩画 80 余幅。此阁在明清时为文人墨客会友、吟诗作画、读书的场所。到了清代末年，成为文官办公的地方。

关帝庙内原有大殿一座，配殿两座，另有刀房、过厅、马房和牌楼，总面积为 720 平方米。关帝庙曾多次扩建，最后一次重修是由嘉峪关游击将军熊敏谦主持的。1998 年由嘉峪关关城文管所自筹资金 70 万元对关帝庙进行了重新修复，对牌楼进行了彩绘，使关帝庙恢复了明清时的风采。

游击将军府，也称游击衙门，初建于明隆庆年间，是明清两代镇守嘉峪关的游击处理军机政务的场所。现在的建筑是 1987 年在原建筑的基础上恢复修建的，为两院三厅四合院式，占地面积为 1755 平方米，建筑面积 808 平方米。在嘉峪关古代军事史上，游击将军府不但是嘉峪关长城防御体系的指挥中心，而且是朝廷统治地方、检查商旅使者往来、联系西域和中亚及各少数民族的枢纽机关。现在，游击将军府的陈列分为两个部分——前院以议事厅为中心，着重展示古代游击将军及文武官员指挥御敌、签发关文等情景。后院是游击将军及家眷生活的场所，生动形象地表现了游击将军及其眷属的生活场面。陈列形式既朴实，又具有一定的观赏性、趣味性。

位于嘉峪关关城北石关峡口北侧黑山北坡的是嘉峪关悬臂长城，属嘉峪关军事防御体系的一部分。悬臂长城始筑于明嘉靖十八年（1539年），由肃州兵备道李涵监筑，此段长城从关城东闸门边的角墩起向北延伸至黑山山腰，全长7.5千米。山腰长城约750米，其中有231米的黄土夯筑城墙攀援于高150米、倾斜度为45度的山脊上，垂若悬臂，故得此名，也赢得了“西部八达岭”的美誉。

位于嘉峪关关城南与祁连雪峰隔河相望的长城第一墩，是明代长城西端的第一个台墩起点，古称讨赖河墩。墩台北距关城7.5千米，矗立于讨赖河边近56米高的悬崖边上，可谓“险墩”。古墩台原台长、宽、高均为14米，呈正四棱锥体，后来部分岸壁塌毁，只有现存的台墩依壁而立，其险无比。

## 知识链接

### 嘉峪关关城的几个传说

#### 冰道运石的传说

据说当初修建嘉峪关关城时，需要成千上万块长2米、宽0.5米、厚0.3米的石条。工匠们在黑山中将石条凿好后，却人抬不起，车拉不动，且山高路远，无法运输。大家正在长吁短叹、无计可施时，忽然山顶一声闷雷，从白云中飘下一幅锦绸，众工匠赶紧接住，只见上面若隐若现有几行字，大家看后恍然大悟。

等到冬季到来后，众人从山上往关城修了一条路，在路面上泼水，让其结成一条冰道。然后把石条放在冰道上滑行运输，结果非常顺利地就把石条运到了嘉峪关关城下，不但没有延误工期，反而节省了不少时间。众工匠为了感谢上苍的护佑，在关城附近修建庙宇，供奉神位，并成为工匠出师后必须要参拜的地方。

山羊驮砖的传说

嘉峪关城墙高9米，还要在城墙之上修建数十座大小不同的楼阁和众多的垛墙，用砖数量是非常惊人的，当时，施工条件很差，又没有吊运设备，全靠人工搬运。而当时修关城所用的砖，都是在20千米以外的地方烧制而成的。砖烧好后，用牛车拉到关城之下，再用人工往上背。由于城高，唯一能上下的马道坡度大，上下很困难，工程进度受到了严重影响。一天，一个放羊的孩子来到这里放羊玩耍，看到这个情景，灵机一动，解下腰带，两头各捆上一块砖，搭在山羊身上，然后，用手拍一下羊背，身子轻巧的山羊，驮着砖一溜小跑就爬上了城墙。

击石燕鸣的传说

相传古时有一对燕子筑巢于嘉峪关柔远门内。一天清早，两燕飞出关，日暮时，雌燕先飞回来，等到雄燕飞回，关门已闭，不能入关，遂悲鸣触墙而死。为此雌燕悲痛欲绝，不时发出“啾啾”燕鸣声，也一直悲鸣到死。古时，人们把在嘉峪关内能听到燕鸣声视为吉祥之声，将军出关征战时，夫人就击墙祈祝，后来发展到将士出关前，将士眷属子女一起到墙角击墙祈祝，以至于形成了一种风俗。

在明朝初期，嘉峪关建立后160多年的时间里，除了关城外，这里并没有添加任何其他防御设施。直到嘉靖十八年（1539年）尚书翟銮巡边时才奏请立边墙，以非常惊人的速度——只用两年时间便修成了关城南北两翼的长城。嘉峪关地处河西走廊中部偏西的咽喉之地，在嘉峪关的南北两面各有一条长约15千米的长城，这两截南北相连的长城就是肃州西长城，它就像屏障一样，将河西走廊完全地隔成东西两部分，确保了嘉峪关及关内的安全。

同时，嘉峪关雄踞嘉峪山，而嘉峪山附近诸口和通往西域的重要路口均建有堡城、烽台，内有驻军把守。嘉峪关周围的城堡更是组成了一个严密的防御网。可以说，嘉峪关合理的布局、严密的结构，从多方面体现了我国古代劳动人民的聪明和智慧。

巍然屹立于丝绸之路上的嘉峪关不仅在军事上起到了至关重要的作用，它还见证了丝绸之路经济的繁荣以及华夏各民族的融合与交流。丝绸之路的开通，加强了中原与西域的联系，使中原同西域乃至更远地区之间的经济、文化联系日益密切。西域的葡萄、石榴、苜蓿、胡豆等植物陆续向东土移植；西域的良马、橐驼、各种奇禽异兽以及名贵的毛织品也都源源东来。中原地区则向西域输送大量的丝织品和金属工具，并把铸铁技术传到了西域。这种频繁的经济、文化交流，促进了西域社会的进步，也丰富了中原汉人的物质生活与精神生活。

中原与西域的和平往来是在经历了长期战争后才实现的，相对而言，吐鲁番与明朝的矛盾解决得就相对比较顺畅。虽然吐鲁番军队也曾进攻嘉峪关，但进攻的规模比较小，同时，吐鲁番对于向明朝朝贡十分重视，对贡道十分依赖，希望与明朝保持和平关系，因而战争很快便结束了，明朝也觉得没必要给他们以沉重的打击，所以和平很快就到来了。直到今天，汉族与维吾尔族人民仍共同生活在嘉峪关的土地上。也许，这也是曾作为贡道一部分的嘉峪关至今仍屹立在河西走廊的意义吧！

# 第三章

# 华北地区的关口

除了长城以外，我国其他地区也有一些重要的关口。这些古代关口同长城上的关口一样，多凭借自然天险而修筑，几乎都处于山河之要冲位置。它们在历史上也发挥出了重要的防御作用，同样有着或悲壮、或激昂的历史瞬间。要想全面了解中国古代的关口，自然不能少了它们的身影。

本章主要介绍华北地区的河北“三关”——瓦桥关、淤口关、益津关与“太原三关”——天门关、石岭关、赤塘关等关隘。

# 第一节 河北“三关”

唐代末年，东北部的契丹日渐强大，屡屡南犯，为了防范契丹的入侵，朝廷先后在河北省雄县城西南置瓦桥关，在河北省霸县置淤口关和益津关，合称“三关”。

自从“三关”建成以后，这里的战争就未曾停止过。五代时，契丹激烈向外扩张，“三关”一带战火连连，后唐的石敬瑭向契丹借兵，灭了后唐，建立后晋，也因此把燕云十六州割让给了契丹，“三关”便为契丹所有。后来，后周世宗英武于显德六年（959 年）率军伐辽，收复了燕云十六州中的瀛、莫二州和“三关”。到了北宋，朝廷因实力较弱，在此采取守势，“三关”一带成为北方边防要地。为了增强边防的御敌能力，宋真宗时驻防瓦桥关的六宅使何承矩，壅塞九河中徐、鲍、沙、唐等河流，形成众多水泊，河泊相连，赫然构成了一条南北防线。以后水域逐渐增广，终于成为一道沿流曲折 400 千米，宽处达 30 千米的水上长城。这道水上长城为“三关”助威不少，对阻遏辽的南侵起到了重要作用。

在三关的战争史上，最为著名的要数辽宋瓦桥关之战了。这次战争发生在辽乾亨二年（宋太平兴国五年，980 年），是辽军击败宋军的一次作战。

辽乾亨二年（宋太平兴国五年，980 年），辽景宗耶律贤因气愤于满城（今满城北）、雁门（今山西代县）两次攻宋失利，亲率重兵于固安（今属河北）

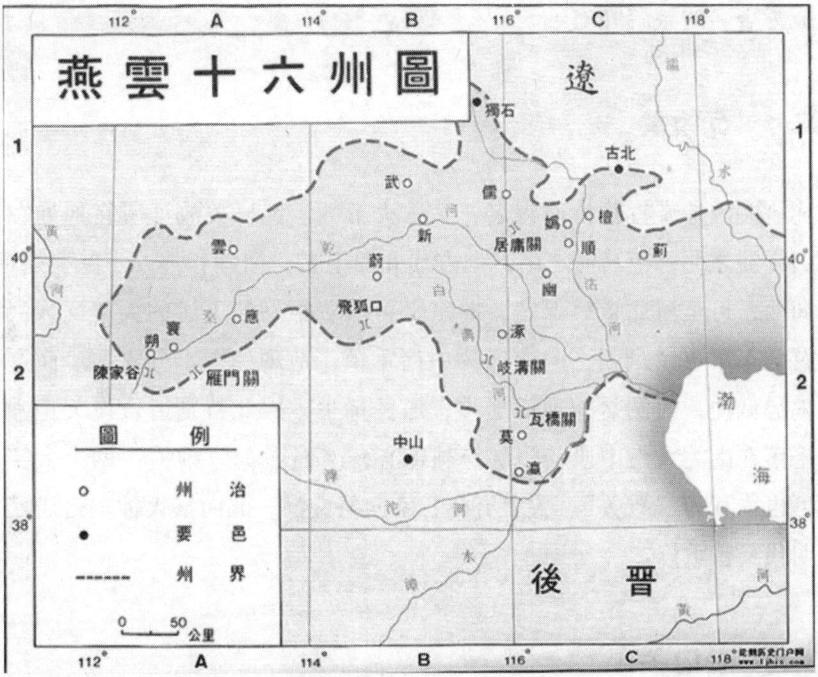


燕云十六州图

集结，再举攻宋。宋太宗赵光义获悉后，增兵关南（今高阳东）、镇州（今正定）、定州（今属河北），命诸军严密设防，阻截辽军南下；自率京师大军趋瓦桥关反击。但辽北院大王耶律休哥前锋军，进展迅速，二十九日即将南易水北岸的重镇瓦桥关包围。十一月一日，宋镇、定、关南诸军为解瓦桥关之围，夜涉南易水袭击辽营，被辽将萧翰干等击退。三日，宋军再次救援，被辽军阻于瓦桥关东，守将张师率军向东突围，遭耶律休哥截击，张师战死，余众退回城中。初九，关南宋军于南易水南列阵，与辽军夹河而峙，企图待京师军赶至再行决战。将战，辽景宗虑耶律休哥马和甲独为黄色，易被宋军所识，为隐蔽主力，令耶律休哥以玄甲白马易之，率精骑渡河进击。宋军败逃，辽军乘势追至莫州（今任丘北鄚州镇），俘宋将数名，斩杀甚众。十七日，辽军班师。此战，宋太宗所率京师军行动迟缓，致使关南诸军以弱对强，陷入被动而败。

现今，“三关”一带优美的自然风光使其在历尽沧桑后又焕发出新的光彩，成为著名的旅游胜地。

## 瓦桥关

瓦桥关因地属古瓦桥而得名，又称火帝阁。瓦桥关故址所在地处在冀中大湖白洋淀之北，拒马河之南，据古代九河下游，河湖相连，水路交通便利。由此向西，可至河北重镇保定，向东又可沿着拒马河下游的大清河入海，向北通冀北军事重镇幽州，向南通冀中诸重镇，地理位置十分重要。而这一代又因地势低洼，河湖盐碱地面居多，居民稀少，因此特别适合设关拒敌。瓦桥关坐落在南关大街中段，门洞跨越街心，南面嵌有“雄关”两个大字，所以后世也称其为“雄关”。关上有庙，南向祭文昌，北向祭火神。自唐代置关后，明代又曾重修。

## 淤口关

淤口关，就在今天的信安镇。在“三关”中，淤口关曾是杨六郎率军抗辽的主营所在地。当时杨六郎就在这里率领将士奋勇守关，多次击退辽兵进犯，使人民得以安居乐业。随着时代的变迁，这里逐渐成了一个美丽的城池。人们为了纪念这位民族英雄，就把这座小城称为六郎城。如今虽已过去千百年，但仍流传着许多动人的传说。

## 益津关

益津关，又称草桥关，相传杨六郎曾在霸州以北一里处北关厢外建草桥关，《霸州志》中也有相关记载。益津关的关城都是土墙，设有 72 座沿城井（护城井）。隆冬时节，把守关城的士兵曾汲水以浇城，水凝成冰，与城池结为一体，令入侵的敌军不敢贸然前进。后来，益津关成为北方一大重镇。

## 知识链接

### 还有哪些“三关”？

除了本节介绍的“三关”之外，历史上还有一些“三关”的合称，简要介绍如下：

（1）《后汉书·冯衍传》提到的“上党东带三关”，指的是上党关、壶口关、石陉关。在今山西。上党关一说在今屯留县境，一说在今晋城南；壶口关在今黎城东北；石陉关无考，一说即井陉关。

（2）《三国志·吴志·贺邵传》提到的“刘氏据三关之险，”即阳平关、江关、白水关。阳平关在今陕西宁强西北，江关在今四川奉节东，白水关在今四川广元西北。即此。

此外，还有前文介绍过的明长城上的“内三关”与“外三关”；另外还有“太原三关”“义阳三关”。

# 第二节 山西“太原三关”

太原城三面环山，一面临河，地理位置十分重要。为抵御外患，设有三座雄关，合称“太原三关”，这三座雄关分别是天门关、石岭关和赤塘关。这三关之中，天门关地势最险，石岭关、赤塘关地处最要。

## 天门关

天门关，位于太原北郊关口村北500米左右的天门山上，曾是太原通往静乐、宁武等晋西北各县的古道咽喉。据清代道光年间的《阳曲县志》记载，天门关位于县城西北方，关口两侧有两座山相对而立，回抱如门，故此得名天门关。

天门关始建年代不详，现在也看不到关城的全貌，仅存留有一些遗迹，但从这些遗迹中我们仍可想象天门关当年的雄姿。

天门关上曾有一座“六郎庙”，现今只能看到一段庙前门阶和一对侧石的遗迹。关门的础石在20世纪30年代还可见到，但60年代因修建公路，存留的关门础石也被拆除。在天门关西北方的山峰上，现在仍可看到6个土石混筑的基台，每个基台的直径大约有两米。据当地百姓相传，这些基石是杨家军当年插旗的旗墩。天门关西南方的山麓上，有一片背风朝阳土凹，传为杨家军练武场地，现在已辟为良田。天门关南200米处有一处废墟，废墟中立有一块碑石，据碑文记载，这里原应是一座“观音庵”。天门关东南2千米处有一眼直径约3米、深约5米的泉水，据传此泉为杨家军战马马蹄刨成，故名“马刨泉”，又名“杨家井”。天门关北去11千米是西凌井村，历史上叫做“凌井驿”。再北25千米为“两岭关”，史称“婆娑隘，”又称“凌井口”，是兵家驻防要隘。

天门关形势

著名的“乾烛谷”就在天门关与

凌井口相连的山脉之间。天门山是千里吕梁山脉在太原境内的一座驼峰。驼峰背后连着一条冰河期造山运动时形成的大峡谷，这就是乾烛谷。两山夹一谷，纵深 15 千米。谷内群峰逶迤，形态各异，有的突兀刺空，有的壁削千仞，有的坡缓如翼。谷的东侧崖间，曾有一条栈道，是隋炀帝杨广做晋王去管涔山避暑时所筑，因此名为“杨广道”，俗称“羊肠坂”。当年，杨广由此栈道北出巡游所经之“天栈”“好汉坡”等栈道险段，至今仍寻觅可见。据说，康熙皇帝微服私访时，就曾经到过天门关，走过乾烛谷。在著名的传统戏剧《四郎探母》中，杨四郎就是暮出凌井驿，夜闯乾烛谷，而与母佘太君相会于天门关内的向阳店的。

现在去天门关，除了可以看一些历史遗迹外，还可以欣赏著名的“天门积雪”。“天门积雪”是阳曲县传统的八景之一，每当冬季来临，你不但能在这里看到高山积雪的美丽景色，还能欣赏到令人惊奇的冰晶奇观。每年，乾烛谷外的吕梁山脉遭逢大雨，山洪暴发，大水自天而降，就会排山倒海灌入谷中。正是这条大峡谷，朔风吹来，在天门关造成了一个独特的小气候，这才有了“天门积雪”的独特风光。

如今的天门关，虽已关门绝迹，垣庙废毁，但关里关外却面貌一新：昔日“跌死狸狸弯死牛，行人过栈胆忧忧”的乾烛谷羊肠坂，如今已成为通途。

## 石岭关

石岭关古称“白皮关”“石岭镇”，位于阳曲县大盂镇上原村北二里的地方，东靠小五台，西连官帽山。石岭关山势较为峻险，岭横东西，路纵南北，是太原通往代、云、宁、朔的交通要冲，历来为兵家必争之地。唐武德八年（625 年），突厥骑兵曾经越过石岭关，进犯并州。宋开宝二年（969 年），宋太祖曾带兵与辽军争夺石岭关，战况激烈异常。金天会三年（1125 年）冬，金军在南侵过程中曾出兵攻克石岭关，攻取太原城。1937 年秋，日本侵略军如当年金军一样，也是先攻破石岭关，进而占领了太原。

石岭关城门

石岭关始建年代不详，据清代道光年间的《阳曲县志》记载，明朝曾在此筑土城戍守，到万历年间又改筑为石城。另据相关记载，石岭关关洞门细窄阴暗，引道坡陡弯急，驻兵把守，戒备十分森严。现在，因改善道路交通状况的需要及一些历史原因，石岭关仅存部分遗迹。通过对遗迹的实地考察，可知当年石岭关关城周长约 1.25 千米，城墙底宽 3 ~ 4 米，顶宽 1 米，高 5 ~ 6 米，依山曲折筑砌。关城有内、中、外三道关门，每道关门之间相距约 150 米。内门洞顶筑有“观音阁”，外门洞顶建有“三义庙”。时下古关内、外两门均毁，仅存中门，名曰“耀德”，系明万历二十四年（1596 年）所建。门洞长 10.3 米，宽 3.9 米，高 7.4 米，石砌门台，砖券拱门，十分坚固。“观音阁”现已无迹可寻，“三义庙”尚存部分遗迹。

石岭关不仅关城雄伟，而且颇有风趣。在中门北口西侧土台上，有一棵

石岭关石窑洞遗迹

罕见的木瓜果树，树高 8 米，周长 1.4 米。关于这棵木瓜果树，早在清代时就有记载，1936 年曾被狂风所折，1937 年日寇将树干砍了当柴烧。然而，古树有灵，在遭日寇砍伐的第二年春天，就从根部冒出了新芽，长成今天的参天大树，且大树年年结果，被称为太原一奇。

## 赤塘关

赤塘关，位于阳曲县高村乡河庄村，又名“河庄关”。“赤塘关”之所以得此名，是因为唐代刘赤塘曾隐居于此。赤塘关东距石岭关 16 千米，中有官帽山连接，使两关呈“犄角之势”，军事地位至关重要，无论南攻北还是北攻南，胜可速进，败可互应，堪称攻守兼得之重关要隘。宋开宝二年（969 年）太祖赵匡胤攻取晋阳时，就是先攻下了赤塘关，才得以攻破石岭关的。1938

年八路军一二〇师在此与日军激战，先切断了赤塘关内外高村至豆罗间的20余千米铁路线，后攻下石岭关，攻陷豆罗等地日军据点，并炸毁军车3列。1948年，在解放军逼迫下，国民党阎军三十九师弃忻县城南逃，师长刘鹏翔惟恐在石岭关被歼，令主力向赤塘关突围，结果在小豆罗一带陷入人民解放军的埋伏圈，被全部歼灭。

赤塘关始建年代不详，故址残垣断壁清代尚存，关西南200米处尚有全民堡垒遗迹，内有井道上下连通。1932年，修建同蒲铁路时，将赤塘关残迹掘平。现在赤塘关附近较为有名的是关东壁虎头山上的羊驮寺。据传此寺因建在山高路险的虎头山上，建寺砖瓦皆由群羊驮运而得名。另外，据记载，这里也是在太原7000平方千米范围内唯一能看到海市蜃楼的地方。因为赤塘关南不远就是阳曲县的高村和大盂镇，在高村与大盂镇之间，因地势低洼，在春末夏初时节，于晨光薄雾之中就能看到海市蜃楼。

# 第四章

# 华中地区的关隘

本章主要介绍华中“洛阳八关”——汉函谷关、伊阙关、广成关、大谷关(今洛阳市东南)、轘辕关、旋门关、孟津关、小平津关,“义阳三关”——武胜关、平靖关、九里关,以及虎牢关与函谷关等关隘。

# 第一节 河南“洛阳八关”

洛阳是中国著名的历史城市，六大古都之一，素以“九朝古都、八代陪都”闻名中外。作为重要的都城，必然要有军事防御设施，而“洛阳八关”就是东汉时期保卫国都的重要军事工程。东汉中平元年（184年）至初平三年（192年），黄巾起义爆发，为阻遏黄巾军，加强京都的防务，汉灵帝命何进为大将军，屯兵都亭（洛阳城内有二十四都亭），镇守洛阳。同时置函谷、太谷、广成、伊阙、轘辕、旋门、孟津、小平津八关都尉，以拱卫京师。虽然函谷关等关隘不是此时初建的，但“八关”之称是从汉灵帝时开始的。

## 汉函谷关

函谷关是八关中最为著名的一个，因为这里是楚汉争霸的萌芽地。说起函谷关来，我们首先要介绍一下函谷关的历史演变。历史上的函谷关有三处，除了春秋战国时期建关的函谷关（河南灵宝）外，还有汉函谷关和魏函谷关。

魏函谷关，位于灵宝市东北20千米，距秦关约5千米。相传三国时期，曹操西讨张鲁、马超，为了迅速转运兵马粮草，命许褚在那里开凿隧道，筑起关楼，距秦关不远，故称新关。该处后来成为东达洛阳、西接长安的重要交通干线。抗日战争时城楼毁于兵火，遗址为三门峡水库淹没，现仅留有古

东汉末洛阳外围八关设防概要图

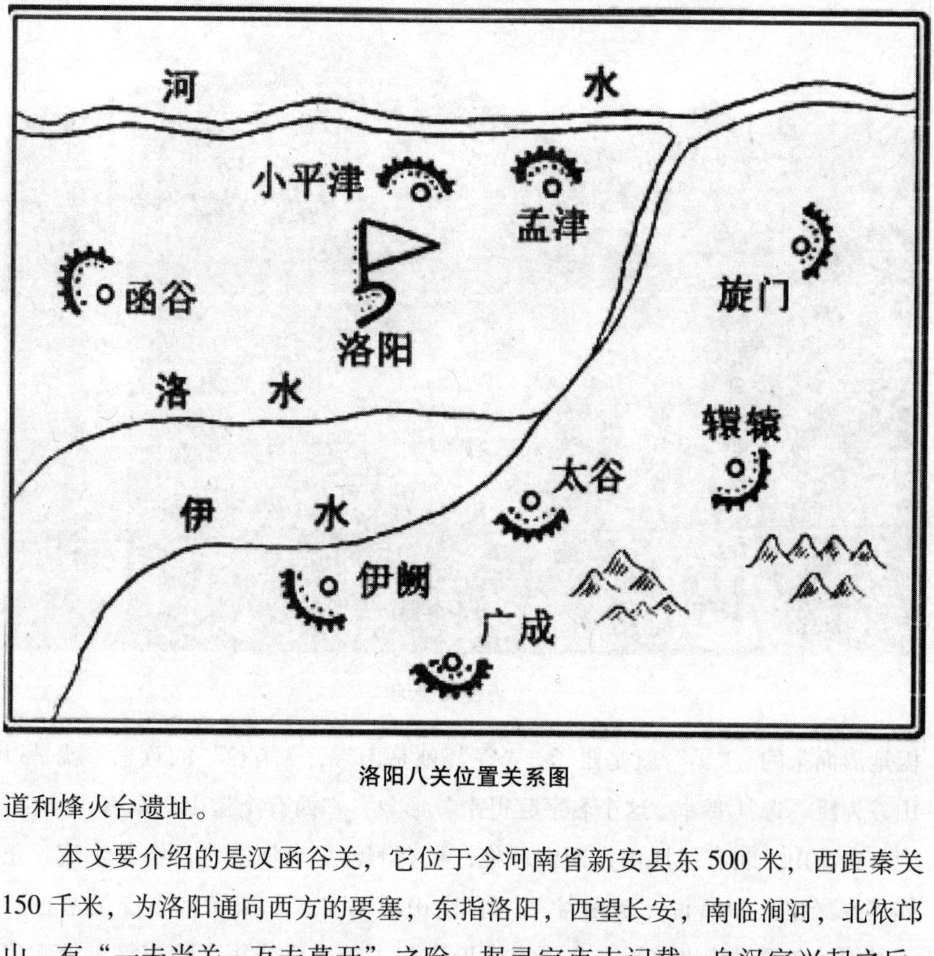


洛阳八关位置关系图

道和烽火台遗址。

本文要介绍的是汉函谷关，它位于今河南省新安县东 500 米，西距秦关 150 千米，为洛阳通向西方的要塞，东指洛阳，西望长安，南临涧河，北依邙山，有“一夫当关，万夫莫开”之险。据灵宝市志记载，自汉室兴起之后，关中作为帝都，函谷关以东则称关外。人们都以自己是关中人为荣。楼船将军杨仆，原籍函谷关以东的新安县，别人说他是关外人，他深感不快，就尽捐家资，于汉元鼎三年（公元前 114 年）在新安县城东也修起了一座雄伟的城池，人们称它为汉函谷关。有了这座新关，杨仆也就成关中人了。汉关早已废弃，现在仅存有关门遗址。

汉函谷关是古代丝绸之路东起点的第一道门户，之所以得名函谷关，是

汉函谷关遗址

因地形而来的。“函”就是匣子，“谷”就是山谷，“函谷”的意思，就是以山谷为匣，遏其要冲。这个名字起得十分形象，它西有奎楼山，东有八徒山，南有青龙山，北有凤凰山，四山环抱；更有涧河、皂河之水，绕其奔流。正如《水经注》中所说：汉函谷关“自南山横洛水，北属黄河，皆关塞也。”函谷关的地理优势决定了它在历史发展进程中的重要作用，除东汉末年它成为防备黄巾军的重要关隘外，南北朝时，北周、北齐对峙，北周又在汉函谷关设“通洛防”，以对抗北齐政权，使汉函谷关成为了“崤函孔道”“中原锁匙”。

汉函谷关的形制是仿照秦关而来的，关楼坐西朝东，巍巍高耸，两侧分别立有鸡鸣、望气二台，关城左右关塞横亘，绵延百里，宛如长城。这样宏大的规模，雄伟的气势，实在令人叹为观止。但随着历史的更迭，唐宋之后的汉函谷关因渐渐失去防御的功用而被冷落，任凭风雨剥蚀，成为一片墟土。明万历七年（1579 年），朝廷为了恢复雄关昔日的风采对关城进行了修整，清顺治十五年（1658 年）也曾整修过一次，1923 年是有记载的最后一次大规模修整。修复后的关楼高 83 米，分上中下三层，顶部为四角亭阁，飞檐画栋，高耸云天。中部为方形阁楼，襟怀涧水，臂倚青山。楼中的十字通道各有一门，皆有楹联镶嵌。底部为城门，城垛错落，蔚为壮观。城楼正中有一拱形门洞，宽约四米，可供东西交通之用。门洞东西两侧，各有楹联一副，东门为“功始将粱今附骥，我为尹喜谁牵牛”；西门为“胜迹漫询周柱史，雄关重睹汉楼船”。关上四周有护关寨墙，中间是两层关楼，气势磅礴。关楼四门均有对联，东门为：“四面青山三面水，一层紫气万层烟”；西门为：“佑彼周室，宏我汉京”；南门为：“紫气犹存贤令尹，青牛重度古函关”；北门为：“巍乎直同百二险，焕然重筑一丸泥”。正门上方嵌有“汉函谷关”四个大字，据传为变法名士康有为所书，字体雄浑，笔力遒劲，与汉函谷关浑然一体，相映生辉。

遗憾的是，重修的关城在 1958 年“大炼钢铁”中被严重毁坏，今天我们只能看到下面的两层。中层为砖石结构，砾石沙灰填充，边长各 10 米，高 8 米，四周门洞十字交叉。最底层为平垛，是三层中保存最好的一层。关楼东面门洞两侧的对联，只剩下了北面的半副，关楼西面门洞两侧的对联还在。关门南侧一座高高的土丘，应当就是人们所说的鸡鸣台了。关门北侧离得比较近的土丘，应当就是那座望气台了。

在近些年的申遗工作中，相关部门对汉函谷关遗址进行了详细的文物调查和勘探，发现该关南城墙位于青龙山，为长条形，南北走向，距地表 0.4 ~ 1.2 米，长 130 米，残宽 2.0 ~ 7.0 米，底深 0.7 ~ 3.2 米，厚 0.3 ~ 2.0 米，与鸡鸣台相连；北城墙位于凤凰山，长条形，东西走向，距地表 0.3 ~ 0.8 米，长 270 米，残宽 6.0 ~ 13 米，底深 0.5 ~ 2.8 米，厚 0.2 ~ 2.0 米，与望气台相连。两处城墙均为夯土筑成，质地坚硬，层次分明。

## 伊阙关

伊阙关位于洛阳南龙门山和香山之间的峡谷，《水经注》中云：“昔大禹疏以通水，两山相对，望之若阙，伊水历其间，故谓之伊阙矣。”按照《水经注》的说法，是大禹在治水时开凿了伊阙，因伊阙处在两山之间，两山相夹，形如门阙，伊水穿“门”而过，所以得名。由此记载还可看出，伊阙关虽到东汉才列入八关之一，但历史却十分悠久。《左传·昭公二十六年》中云：“晋知跞、赵鞅帅师纳王，使汝宽守阙塞”，“秦攻魏将犀武于伊阙，进兵攻周，败于伊阙。”《史记》中云：“秦昭王十四年，白起攻韩魏之师于伊阙。”《旧唐书》中记载：唐武德三年（620 年）七月，李世民亲率重兵北据邙山，派将军史万宝率兵“自宜阳南据龙门”，遂攻取洛阳。就连 1948 年解放洛阳，也是先攻下了伊阙，才得以成功解放洛阳的。

伊阙关作为洛阳的门户，自古就是兵家征战之地。而在历史的烽烟中，最为人们熟知的应该是公元前 293 年，秦将白起在这里歼灭韩魏联军 24 万人的大战。

这是一场以少胜多的战役，是白起的成名之战，也是拉开周王室灭亡序幕的战役。当时，秦国经过商鞅变法，国力日渐强盛，于是加快了兼并六国的步伐。在秦国的兼并计划中，处在中原要冲的韩魏两国，成了他们首选的打击目标。

韩魏两国得知秦军动向后，马上进行军事部署。当时的伊阙关正是两国的门户，于是两国各倾全国之兵，组成联军，早早就占据了有利地形，准备在伊阙据险固守。可他们错误地估计了形势和对方的军事实力，他们以为守住伊阙就可以以逸待劳，一举击溃秦军，最不济也能固守这个军事要塞，待秦军粮草不足时，知难而退。然而，他们却没有考虑到两国联军联合作战的能力，没有摸准两国联军为了保存自己的实力，都不愿先行出战，也不能全力而战的心理。所以，联军主帅貌合神离的结果，给了秦军以可乘之机。

秦军主帅白起以少量兵力布下疑阵，牵制韩军，然后以主力绕到后方猛攻魏军，魏军情急之下仓促应战，很快便惨败。韩军闻讯，军心不稳，在秦军的左右夹击下溃逃。白起乘胜追击，以不到韩魏联军一半的兵力，歼敌24万人，使韩魏两国彻底伤了元气，被迫割地求和。如此漂亮的一仗开启了白起人生中辉煌的军事历程，奏响了秦国向中原扩展的序曲，也为周王室敲响了丧钟。

今日，鼓角争鸣的时代已经结束，然而伊阙关的雄姿也湮没在了历史的尘埃中。寻访伊阙的遗迹，只能看到那将两山连为一体的宏伟拱桥，以及龙门那大佛的微笑。

## 广成关

广成关位于今汝州市临汝镇一带，地处汉光武帝所置广成苑附近，因上古仙人广成子而得名。广成关一带的地势世称“群山夹一川”，其东北有长虫山、娘娘山、和尚山、白云山、盘龙山，西南有大马山、大虎岭，“一川”就是广成泽，周围四百里，水出狼皋山中，东南流入汝水。这样的山川地理形势使广成关成为要塞，是古代宛襄、荆楚地区进入京洛的重要通道。可惜，该关遗址现已不存。

广成关遗址的具体位置虽已无可考证，但关于广成子的传说，却依然为曾经的雄关涂上了一抹神秘的色彩。

当时汝水流域雨量充沛，相传在四五千年前，广成子居住在汝水流域的崆峒山上，河道宽阔，犹如大海，崆峒山就像海上的一个仙岛。广成子在山上一个天然石室里修道，年复一年，人们不知道他活了多少岁，都把他看成仙人，对他十分景仰。而且，广成子学识渊博，既通治国之道，又懂养生之法。黄帝听说后，就从今天的新郑一带出发，前往崆峒山造访。但广成子却因黄帝对天下治理得不好，因此不愿与他多交谈。黄帝只得回去，闭门3个月，什么事都不做，然后又去见广成子，诚恳地请教修道秘诀。广成子见黄帝诚心求教，就推心置腹地告诉他，修道所达到的最高境界就是心中空空，看不见什么，也听不见什么。如果凝神静修，你会由内而外感到非常清爽。不使你的身体劳顿，不使你的精神分散，你就可以长生。广成子还说，自己之所以活了1200岁还没有衰老的迹象，就是因为自己专注于修身养性，心境平和，清净无为。这件事在《庄子·在宥》中有过记载，可见传说影响之广。

但天下崆峒山不止一个，对于黄帝问道广成子的崆峒山到底是不是在汝州，人们历来有所争议。1931年，商务印书馆出版有《中国古今地名大辞典》，在“崆峒山”条目下说：“在河南临汝县西南六十里。唐汝州刺史卢贞碑：庄子述黄帝问道崆峒山，遂游襄城，登新郑的具茨，访大隗，皆与此山相接壤，则此为近是。”由此可见，本书认为黄帝问道崆峒山就是汝州的崆峒山。

## 太谷关

太谷关位于今偃师市寇店乡水泉村，修筑在嵩山与龙门山之间的峪谷中。《洛阳记》中说：“太谷，洛城南五十里，旧名通谷”。太谷为洛阳京城正前方的一道门户，谷纵深15千米，两侧沟壑纵横，溪水潺潺，群峰削立，灌木丛生。在此筑关本就有扼守咽喉之优势，更何况关城东西又有牛心山、牛嘴山、老羊坡、歪嘴山、大风山等，峰峦起伏，形势天然。正因为如此，太谷关才成为历代兵争将夺的战略要地，因为一旦战争开始，这里就可埋伏重兵，断绝南北交通，形成“一夫当关，万夫莫开”之势。

## 轘辕关

轘辕关位于偃师城东南30千米府店乡境内的轘辕山上，西有鄂岭口，北有古道，是偃师市现存的唯一古关。轘辕山山势险要，道路回环盘旋，有十二道弯道，形成将去复还之势，因此得名“轘辕”。东有太室山（即嵩山），南有少室山，紧接巩义、登封两市；西有鸡鸣山、香炉峰，是万安山与嵩山衔接处的壑口。修建在此处的轘辕关是洛、偃通往汝、颍、襄之捷径，历代为兵家必争之地。

轘辕关

据传说，轘辕关为远古时代的大禹所凿。后到宋代，偃师县知县马仲甫又在轘辕山南边的鄂岭口建造一关，此关道路宽敞，人行便利，当地人称鄂岭口，也叫新轘辕关。

轘辕关的古关建筑早已毁于历代的战乱之中，现存建筑重修于乾隆十五年岁在庚午九月，是用石灰岩垒砌而成的，东西长 14.7 米，南北宽 10.5 米，高 6.2 米，正中是弧形顶门洞，洞高 4.7 米，宽 3.5 米。有石阶可拾级而上至关顶，门洞上镶有长方关额“古轘辕关”，字为楷书，笔法古朴，遒劲有力。古关顶原有大殿，今荡然无存。1984 年以来，韩庄村民自行捐资在关顶重建大殿一座，使古轘辕关平添新貌。

轘辕关有两条古道，一条在北，因唐高宗多次入嵩山而开凿，据记载所开凿的道路如车厢，是历代置关之所；一条在南，即现在的鄂岭口。两条古道相较而言，北道幽静曲折，林木较密，行走多有危险；而南道就比北道宽敞便利得多，所以行人多走南道。在鄂岭口有轘辕关碑，是宋代偃师知县马仲甫拥民所凿，“人便其利，刻石纪美”。轘辕关南道上，清光绪二十八年(1902 年)，河南太守文悌开修车路，也有记其事的石碑一通，碑文曰：“洛都四面踞山，东虎牢、西函谷、南伊阙、东南轘辕，皆天险也。独轘辕关石，不通轨辙……过往商贾非取道伊阙不能达洛”。

镮辕关南道几经开修和扩建。清康熙五十四年（1715年）、光绪二十八年（1902年）分别扩建一次；1936年，蒋介石命河南省建设厅扩修一次；新中国成立后，镮辕道仍然不能满足日渐繁重的运输要求，所以政府又数次维修、扩建，最终修涵洞29座、桥梁2座，207国道通过此路，纵穿偃师境内，结束了古镮辕坂山高道险的历史。

“镮辕”作为地名，最早见于周朝。“敬王六年（公元前514年），郑人伐滑。允姓之戎，迁于滑内，东及镮辕”。因为它有趋东都、困阳城之必扼的重要战略位置，也有“一夫当关，万夫莫开”的险峻，因此历来征战不断。如，鲁襄公二十一年（公元前552年），晋栾盈出奔楚，过国，出诸镮辕；北魏孝庄帝永安三年（530年）元颢入洛，败于河桥，轻骑南走，自镮辕南出，至临颍为人所杀；隋炀帝大业十三年（617年），王世充进拔偃师，设置镮辕县，并在北山下设镮辕镇（即今叁驾店）；清同治二年（1863年）七月，捻军自登封经镮辕进入偃师境内；抗日战争时期，八路军河南军区成立，“嵩山人民抗日义勇军”改称“河南人民抗日义勇军”，司令员张之朴率部活动在嵩山地区，经常出没在镮辕关一带，开展抗日活动。

现在，如果我们前往镮辕关访古，便能在古道边看到“剑引泉”，泉口周边皆为岩石，虽然已无水，但碗口粗的泉口周边布满了青苔，泉眼细长如剑，别有韵致。关于这个“剑引泉”，还有个美丽的传说：刘邦攻秦时，欲夺潼关，在经过镮辕古关时，队伍人困马乏、缺粮缺水。心情郁结的刘邦无奈地将剑劈向山崖，没想到剑击处竟有清泉喷涌而出。正是因为有这样一个传说，所以后世便称其为“剑引泉”。

曹植的千古名篇《洛神赋》有云：“余从京域，言归东藩，背伊阙，越镮辕……”宋朝苏辙亦有诗云：“青山欲上疑无路，涧道相萦九十盘。东望嵩高分草木，回瞻原隰涌波澜”。可见，镮辕关在古代确实是天下闻名的雄关，虽然今日已见不到它当日的风采，但泉水的传说，文人墨客的诗词文赋依然会为我们的寻访之旅增添几分情韵。

## 旋门关

旋门关地处古城皋城，即今荥阳市汜水镇西一带，关址早已不存。东汉以成皋旋门关为京师洛阳东面的第一关。班昭《东征赋》中云：“望河洛之交流，看成皋之旋门”，即指的此关。

作为洛阳的东方门户和重要关隘，旋门关位置险要，但历史上对它的记载并不多，又因无遗址可探寻，所以很多人认为旋门关就是虎牢关。那么，旋门关到底是不是虎牢关，两者究竟有什么关系？著名学者徐金星先生这样解释：旋门关地处豫西山地到华北平原的过渡地带，是洛阳的东方门户和重要关隘，现已不存。根据史料记载，旋门关应与虎牢关相距不远，但目前还没有更多的考古资料指明它的具体位置。至于它与虎牢关有没有直接传承关系，也很难说。

## 孟津关

孟津关在洛阳之北，遗址在今河南孟津县会盟镇扣马村，位于黄河河心，是古代黄河上的一个重要渡口。相传此地为周武王伐纣时与诸侯会盟渡河的地方，因此也称为盟津，又名富平津（也有人认为“富平津”其实另有其地）。

东汉时，洛阳城的北城墙上有两个城门，西为夏门，东为谷门。从洛阳往北出这两个城门，翻过邙山，北渡黄河，孟津关所在的孟津渡就是通往山西、河北等地的最重要渡口，可见其对当时洛阳城的重要意义。

北魏时，朝廷在孟津渡附近的黄河南岸、北岸及河中沙洲上又置河阳三城，作为洛阳北边门户。因此，孟津关也叫河阳关。

北魏孝明帝武泰元年（528 年），尔朱荣自晋阳南下，胡太后派将士在此据守；永安三年（530 年），孝庄帝杀尔朱荣，遣将军舜毅率军镇守河阳北城；东魏元象元年（538 年），丞相高欢遣潘乐屯兵河阳北城，高永乐守南城，围中城两月未克。

唐肃宗时，常置重兵守河阳三城；唐德宗时，置河阳三城节度使，直至宋代。自唐至宋初的 300 多年间，围绕河阳三城进行的大小战争有上百次。唐代诗人杜甫在《石壕吏》及《新婚别》中分别有“急应河阳役”“守边赴河阳”等诗句，可见当时河阳战事频仍，进行过无数次惨烈的厮杀。

到了公元 1750 年，清乾隆皇帝偕太后及皇后前往中岳祭拜，“渡河过孟津”，并免了孟津县一年的赋税。那时的孟津渡可以说是风光无限。但随着历史的发展，公路桥逐渐取代了渡口，无人摆渡，渡口自然渐渐荒废。现在，我们再也无法找到渡口昔日那辉煌的身影了。

## 小平津关

小平津关在今孟津老城花园村的西北，也如孟津关一样位于黄河河心，是黄河上的又一道津渡，其地位仅次于孟津关（又名富平津），故名小平津。

历史上，小平津关与孟津关一起肩负着守卫洛阳北大门的重任，因此在这里发生过不少影响历史走向的重大事件。据史料记载，汉灵帝中平元年（184 年）三月，大将军何进置小平津关。次年八月，宦官张让杀死何进，袁术攻入宫中，中军校尉袁绍对宦官大开杀戒，杀死 2000 余人。惊慌失措的张让劫持少帝刘辩，连夜逃向小平津，眼看追兵赶到，张让无路可走，投河自尽，董卓将少帝刘辩迎回洛阳。当时，河南太守王匡屯泰山兵于黄河北岸，准备除掉董卓。董卓闻讯，先在平阴津（黄河古渡口，今孟津境内）布下疑兵，暗中派精锐部队于小平津渡河，绕到王匡军背后发动攻击，大破泰山兵。

西晋怀帝永嘉五年（311 年）六月，汉赵始安王刘曜攻陷洛阳，怀帝司马炽被俘。司徒傅祗设行台于河阴县，屯小平津，征召兵员，以图复晋，汉赵刘粲以步骑10万攻克小平津。

清世祖顺治元年（1664年）十二月，豫亲王多铎率军自花园渡（小平津）过黄河，克虎牢关、洛阳，进逼陕西……

看来，小平津关确为黄河险渡，并非浪得虚名。

## 知识链接

### 云南八关

除了洛阳八关之外，云南腾越历史上也有“八关”。

这八关是明万历二十二年（1594年）云南巡抚陈用宾督建的，自北向南部署于今腾越州西部边界地区。八关之名分别为神护、万仞、巨石、铜壁、铁壁、虎踞、天马、汉龙。关址距当时的边界或数十里或百余里不等。清朝末年，中英勘定滇缅边界，虎踞、天马、汉龙三关划属缅甸。

# 第二节 中原地区的其他重要关口

## 虎牢关

虎牢关，又称汜水关，位于今河南省荥阳市市区西北部16千米的汜水镇境内。它在洛阳以东，是洛阳东边的门户和重要关隘，南连嵩岳的崇山峻岭，北临滚滚东流的黄河，西北为黄河和洛河的交汇处。山岭夹峙，山势奇特，绝壁峭崖，壁立百仞，乃东西交通要冲，扼古代中原腹地，系中州之安危，古有九州咽喉之称和“一里之厚，而动千里之权”的说法，历来为兵家争战之地。现关城已废，清雍正九年所立“虎牢关”石碑尚存。至于虎牢关的得名，据传说，是周穆王射猎于郑圃，曾将进献的猛虎在此豢养，因而名曰“虎牢”。

虎牢关，属古城皋县。自秦代在此设立关口起，它的名字随朝代的更迭而不断地发生着变化。秦代设关时称虎牢关；东汉建武元年置成皋关；东汉灵帝中平元年设旋门关（一说“旋门关”不是此关）；魏、晋为黄马关；隋设金堤关；东晋太宁三年赵主石虎讳虎为武，唐代避高祖李渊祖父讳，亦改虎为武，称虎牢关为武牢关；北宋大中祥符四年，真宗以虎牢关为“玉关之枢会”，“鼎邑之要冲”，诏改为行庆关；明洪武四年改虎牢关为古崤关；明晚期至清复为虎牢关；因在汜水之西，有时也被称为汜

老照片中的虎牢关遗址

水关。

虎牢关筑城，根据文献来看，始于鲁襄公二年（公元前571年），“鲁襄公二年（公元前571年）七月，晋成公与诸侯会于戚，遂城虎牢以逼郑，求平也。”筑城的地点就在今天汜水镇西、汜水河西岸的大伾山上。但又有迹象表明，晋成公筑城之前，此地似乎已经有关城了，晋成公不过是将旧城重修了而已。不过，不管怎样，从这一段记载我们可以窥见虎牢关悠久的历史。

虎牢关的遗迹虽已无处寻觅，但据虎牢关村村民回忆，明清时期虎牢关有巍然耸立的关门、关墙，关门之西有三义庙。新中国成立后，关门、关墙、三义庙被毁，三义庙中的古碑则被拉到汜水河铺桥，如今残毁大半，又被拉回到新修的三义庙旁。其上刻字模糊，历史的记忆含混不清，唯有三义庙前的一通古碑，残留着明清时期虎牢关的旧影：这通古碑刻于雍正九年（1731年），高约2米，宽约0.7米，上部已经断裂，楷书“虎牢关”三个大字，苍劲有力。这是明清虎牢关仅存的印迹。

说起虎牢关的战争史，我们似乎很自然就会想到《三国演义》中“虎牢关前，三英战吕布”的故事，但那毕竟只是虚构的。其实，虎牢关真实的战争一点也不比“三英战吕布”的故事逊色。

春秋鲁隐公五年（公元前 718 年）郑败燕师于此；鲁襄公二年（公元前 571 年）晋悼王会诸侯于戚地以谋郑，来用孟献子“请城虎牢以逼郑”之计，开始在此筑城；楚汉争霸时（公元前 203 年），刘邦、项羽在此争城夺关；唐代李世民大战窦建德；宋代岳飞大破金兵。一直到元、明、清时期，这里仍是鏖战不停，时闻杀声。

在众多的战争中，李世民与窦建德的武牢之战甚为有名。公元 620 年 7 月，李世民率军攻打洛阳郑帝王世充，王世充自知无力抵挡，遂向占据河北的夏帝窦建德求助。窦建德接到求援信息后，带领 30 万大军一路攻陷管城（今郑州），推进到牛口（今荥阳牛峪口）。了解到窦建德动向的李世民深知武牢关的重要，于是带领 3500 人迅速占据武牢关。李世民控制武牢关一方面可以阻止窦建德西进，另一方面又能切断窦建德与王世充的联系。占据地理优势后，李世民决定与窦建德打消耗战，于是他据武牢关之险，闭门不出；又悄悄派一支部队截断窦军粮草；随后牧马黄河北岸，装出已无粮草的迹象，引诱窦军发动最后的进攻。窦建德果然上当，在汜水东岸摆开二十余里阵势，欲与唐军决战。谁知李世民让军队闭门不出，等到窦军疲惫不堪，已然泄气之时，李世民带军杀出，使窦军猝不及防。结果李世民生擒窦建德，为唐王朝的建立赢下了关键的一仗。

如今，虎牢关因其地理位置优越，交通便利，风景秀丽，四周文化名胜众多，已规划建设成风景区，不少国内外游客慕名而来。整个景区沟壑交错，迂回曲折，多沟、岭、坡、台等地形，具有典型的黄土地貌特征，集中展现出北方山水粗犷的个性美。

## 义阳三关

义阳三关位于河南省信阳市南豫鄂两省交界处，因信阳在南北朝时为义阳郡治，故有“义阳三关”之称。这三关分别是：武胜关、平靖关、九里关。因信阳市地处大别山和桐柏山两大山脉的会合处，因此自然形成了三个险要的隘口，东为九里关，西为平靖关，中为武胜关。又由三关为豫楚分界，与信阳互为首尾，东西呼应，因此得名“义阳三关”。

三关是豫南的天然屏障，峻岭巍峨，峰峦耸峙，林木荫翳，怪石嶙峋，道路险窄，历来为兵家必争之地。三关关城都有古代箭楼、炮台和近代碉堡、战壕等建筑。自20世纪50年代以来，随着政治环境的和平稳定，经济的快速发展，三关地区已布满松杉林、果树园、竹园和茶园，郁郁葱葱，景色非常壮丽。

### 1. 武胜关

武胜关居三关之中，有“关中之关”的美誉。它位于鸡公山下，处河南、湖北两省交界处，南锁鄂州，北屏中原，扼控南北交通咽喉。春秋时期称直辕、礼山，秦始皇统一中国后名武阳关，南朝齐称武阳关，唐称礼山关，后复称武阳关，南宋时易为武胜关，清始称武胜关。

武胜关地处险隘，附近山峦交错，群峰环结，关城以山为障，凿山成隘，古以“车不能方轨，马不能并骑”形容其险。关城南北长750米，东西宽500米，南北各设一门，门外有吊桥，城内有重兵把守。关城内还有供行人商贾居住、购物的旅店、商店。关南有将军寨遗址，相传为穆桂英屯兵点将之处。

武胜关历来为南北抗衡之地，行师必由之道。周敬王十四年（公元前506年），吴楚军柏举之战中，吴军迂回攻楚，穿越大隧，深入楚腹地，与楚军夹汉水对峙，继又识破楚军偏师堵塞大隧切断其后路之谋，终将楚军攻破；南

武胜关旧照

北朝时期，梁、魏为取得关隘要道的控制权，曾在三关相持，反复争夺数十年；南宋时岳飞的主将牛皋曾镇守武胜关，阻击金兵；明末李自成也由此破关斩将，进军鄂州；1938 年，日本侵略军攻占武胜关，整个关城被火焚烧，当年的繁华已不复存在。

如今，武胜关由古时的行兵用武之地变成了沟通中国南北交通大动脉的咽喉锁钥。武胜关镇更因其众多的古迹和优美的风景而成为旅游胜地。现在武胜关镇境内有武胜关遗址、守卫武胜关的屯兵地将军寨、距离武汉最近的黑龙潭瀑布群等风景名胜，还有著名的“孝子碑”等人文景点。

将军寨位于孝子店附近，北控武胜关，东望九里关，南邻烽火台。据《应山（现广水）县志》记载，北宋名将狄青曾在此屯兵扎寨，故得此名。此寨处在一个四周高中间低的山窝里，整座寨子全由大片石构筑，长约 700 米，高 4 米，厚 3.6 米，上端每隔 4 米凿一插旗圆孔，四面各有一高出寨墙之券顶砦门。将军寨所处的山窝内有自然形成的三处水塘，至今仍有甘洌的塘水。可以想象，当年这三处水塘也为驻军提供了方便的水源。

黑龙潭风景区位于鸡公山东南侧，广水河发源地，距广水市城区 22 千米，西南距武胜关 10 千米。黑龙潭瀑布位于瀑布群的最上游，是瀑布群中最为壮观的。黑龙潭四周皆是悬崖峭壁，瀑布自峭壁而下，落差达 31 米，当瀑布水如银带般灌入黑龙潭时，真是水声激越，蔚为壮观。

在黑龙潭瀑布出口的岩石上生长着一种特别的树，当地人称这种树为枫杨树。此树的树根形状如鸡爪，牢牢地抓着山石，并向山石下伸展，即使是在丰水期，这棵树依然在激流中岿然挺立，遂得名“砥柱树”。

立在 107 国道孝子店大桥北 220 米路东 15 米处的孝子碑是武胜关著名的人文景观。孝子碑记述了一个关于孝子的故事，但这个故事在民间却有两个版本。一个版本说故事发生在古时候，正逢战乱年代，一对父子相依为命，儿子非常孝顺父亲，即便战火纷飞仍冒险四处为父亲找吃的。有一天，孝子找吃的回来后却不见了父亲，就四处寻找，找不到就整天站在山上呼唤父亲。后人被孝子的举动所感，于是将孝子站立的山下取名孝子店。

另一个版本说故事发生在清朝，一个叫孙锋的木匠悉心照料双腿瘫痪的母亲，为了在干活儿的时候也能及时听到母亲的召唤，他就在母亲的床边挂一个铜锣，儿子一听到母亲敲锣的声音，就会赶回家照料母亲。一次，咸丰皇帝路过武胜关时，听见小村里传出的锣声，感到非常奇怪，一问之下才知缘由。皇帝大为感动，于咸丰九年专门下圣旨，褒扬孝子精神。当地人便将咸丰皇帝的圣旨刻在石碑上，供后人瞻仰。现在保存下来的“孝子碑”就是当年那块刻着圣旨的石碑。

### 2. 平靖关

平靖关，居三关之西，位于信阳市浉河区谭家河乡大庞村与湖北应山县交界处。东为五峰岭，西为凤凰山，北距信阳市中心 16 千米，南距湖北三潭风景区仅1千米，东离鸡公山风景区25千米，西北距南湾风景区21千米，省级信（阳）应（山）公路从此经过。

平靖关海拔200米，原有大小关门各一座，关门前凿山而开一条通道，长5千米，被称作“一线天”。平靖关城垣巍峨，关底宽80~200米，至今两侧山脊上仍留有数百米石墙遗址。关城附近有宏伟的庙宇和许多建筑，北伐战争烈士墓就是其中一个，这座烈士墓是为纪念北伐战争中英勇牺牲的国民革命军战士而立的。后来，在白朗讨伐袁世凯的战争中，平靖关的关城被毁，现仅残留部分遗迹。

平靖关的历史十分悠久，春秋时称为冥扼关，《吕氏春秋·有始览》和《淮南子·坠形训》中都有过这样的记载：“天下九寨，冥扼其一也。”三国时，传说关羽率兵破曹，经此遇阻，恨此隘口，后来称为“恨这关”。北魏拓跋氏在关南设平靖郡，即易名“平靖关”。宋朝时称为行者坡、行者

九里关今貌

关。明末李自成领导的农民起义军，以及捻军、太平军都曾在这里进行过激烈的战斗。明清之际，因百年老杏遍布山洞与驿路两侧，又改名“杏遮关”；后因来往行人成群结队，络绎不绝，又叫“行者关”等。因为平靖关的战略地位十分重要，故而古人称为“淮汉兵争要害”，更有诗叹曰：“楚关申戊郁茫茫，野草春沙更断肠，山头僧居何年寨，山下人耕古战场。”

现在平靖关已是独具特色的旅游胜地。首先，它是野生动植物的天堂。作为国家级自然保护区，这里植被丰茂，种类繁多，1700多种植物在这里安家落户，被誉为“生物宝库”和“豫南绿色明珠”，山上针叶树、阔叶树、奇花、异草争繁斗茂，参差相杂。山上可入药的植物有600多种，珍贵的有灵芝、九死还阳草、马蹬草、何首乌、七叶一枝花等。繁多的森林植被又为各种珍禽异兽提供了繁衍栖息的天然场所，仅野生鸟类就有17目、109种之多，野兽类有豹、鹿、野羊、赤狐、豹猫、花面狸等。

另外，平靖关还是奇石的宝库。这里的石具有怪、美、巧、奇的特点，报晓峰、骆驼峰、狮子峰、狮头崖、狼牙山、将军石、恋爱石、宝剑石等，都形象逼真、栩栩如生。

### 3. 九里关

九里关又名黄岘关、百雁关、冠岘关，位于今罗山县西南，居三关之东。春秋时称大隧塞，宋以后始称九里关，是因关隘幽深绵长而得名。九里关与武胜关、平靖关成犄角之势，在历史上也是战事频繁。关南擂鼓台、关东观阵山，相传为杨八姐悬羊击鼓、作战观阵之处。1970年后，在九里关筑坝建水库，这里便成为一座面积为80平方千米的人工湖。

“雄关漫道真如铁，而今迈步从头越。”古老的“义阳三关”自新中国成立之后就以崭新的姿态迎接着新生活。这里产的信阳毛尖是全国的十大名茶之一；武胜关下的李家寨镇被称为“板栗之乡”；紧靠三关的鸡公山被人们称

绿茶信阳毛尖

为“云中公园”；平靖关下的南湾湖更是碧波荡漾，云腾雾漫。相信勤劳、勇敢的信阳人民会不断打造三关，让三关文化绵延不息。

## 秦函谷关

秦函谷关是我国历史上建置最早的雄关要塞之一，因关在谷中，深险如函，故称函谷关。它位于河南省灵宝市北 15 千米处的王垛村，距三门峡市约 75 千米，地处“长安古道”，紧靠黄河岸边。这里曾是战马嘶鸣的古战场，素有“一夫当关，万夫莫开”之称。这里又是我国古代思想家、哲学家老子著述五千言《道德经》的地方。“紫气东来”“鸡鸣狗盗”“公孙白马”等历史典故，使这里弥漫着神奇的色彩。

函谷关西接衡岭，东临绝涧，南依秦岭，北濒黄河，地势险要，道路狭窄，素有“车不方轨，马不并辔”之称。它始建于春秋战国之时，是东去洛阳，西达长安的咽喉，曾有诗句这样形容函谷关重要的战略地位：“天开函谷壮关中，万谷惊尘向北空”“双峰高耸大河旁，自古函谷一战场”。在贾谊的《过秦论》中曾有过这样的表述：“秦孝公据崤函之固，拥雍州之地，君臣固守，以窥周室。”这里所说的“崤函”之“函”即为函谷关。当年，秦依函谷天险，使六国军队“伏尸百万，流血漂橹”。秦始皇六年，楚、赵、卫等五国军队犯秦，“至函谷，皆败走”。“刘邦守关拒项羽”所守的也是函谷关。可见，当年函谷关确实是鼓角争鸣的战略要地。

秦函谷关的关城遗址现已无存，据考证函谷关关城为不规则的长方形，用长、圆、平夯夯打而成。东城墙长 1800 米，西城墙长 1300 米，南城墙长 180 多米。关城东门关楼也已无存，现在人们看到的是后人修建的复古建筑。关楼南北长 71.2 米，高 21.5 米，呈凹型，坐西向东，控制入关的要道。关楼为双门双楼歇山顶式三层建筑，楼顶各饰丹凤一只，所以又叫“丹凤楼”。从函谷关东门起，横穿关城向西，经王垛村的果沟、黄河峪、狼皮沟至古桑田（今稠桑）有一条古道，叫函谷古道，全长 15 千米，是这一带唯一的东西通道。

秦函谷关新颜

在函谷关东城门右侧城墙下端有一战国井式箭库。这是一个直径为0.9米的竖井窑穴式兵器仓库，是战国时守关官吏储藏兵器的箭库。1986年7月发现箭库时，里面放着一捆捆箭簇，约1立方米，箭头是铜质的，箭杆是铁质的，很轻，已经锈在了一起，不能分开。此箭库为研究战国时期的兵器提供了重要依据。

除了箭库外，东城门右侧还有一座太初宫。传说，尹喜迎候老子到函谷关，行以师礼，恳求老子为其著书，老子便在此写下了《道德经》。为了纪念这件事，后人便在老子著经的地方修筑了太初宫。太初宫为殿宇式古典建筑。殿脊和山墙檐边上塑有麒麟、狮、虎、鸡、狗等珍禽异兽，神形兼备。殿顶飞梁纵横，椽檩参差，虽然屋架复杂，但却自成规矩，殿宇宽阔，中无撑柱。史载，太初宫始建于西周。现存太初宫主殿建于唐以前，元、明、清各代均有修葺。庙院现存石碑两通，一通立于元大德四年，一通立于清顺治年间，上面都记载着老子骑青牛过函谷关的故事。

灵宝市城北17千米的孟村旧村的小谷里有函谷夹辅。夹辅南距秦函谷关约2千米，它外形像炮楼，砖木结构，城门式建筑物。分内外二重门，外门口上青砖镌刻“函谷夹辅”四字。城门上是二层歇山顶式四角楼。目前除北边房顶和部分部件有损坏外，基本上保存完整，据鉴定现存建筑建于明代，清代重修。

说到秦函谷关就不得不说起老子和他的《道德经》，在介绍太初宫时我们已经提到，相传老子的《道德经》写于函谷关，所以函谷关就成了名副其实的道家文化发祥地。2002年10月20日，中国道教协会会长、玉溪道人闵智亭为函谷关旅游区题写了“道家之源”四个字。

知识链接

## 老子与《道德经》

老子字伯阳，谥号聃，又称李耳，楚国苦县厉乡曲仁里（一说今河南鹿邑，另说安徽涡阳）人，生卒年不详，推断为约公元前571年至公元前471年。

老子曾作过周朝的“守藏室之官”（管理藏书的官员），是我国最伟大的哲学家和思想家之一，被道教尊为教祖，世界文化名人。

相传老子在函谷关前写下《老子》一书，分为上下两册，共81章，前37章为上篇道经，第38章以下属下篇德经，全书的思想结构是：道是德的“体”，德是道的“用”。上下共5000字左右。

《老子》以“道”解释宇宙万物的演变，“道”为客观自然规律，同时又具有“独立不改，周行而不殆”的永恒意义。“道生一，一生二，二生三，三生万物”，故而是世界的本源。因此，《老子》的思想虽然是属于客观唯心主义的，但同时还包含着朴素的唯物主义的观点。

《老子》书中包括大量朴素辩证法观点，如以为一切事物均具有正反两面，“反者道之动”，并能由对立而转化，“正复为奇，善复为妖”，“祸兮福之所倚，福兮祸之所伏”。又以为世间事物均为“有”与“无”之统一，“有、无相生”，而“无”为基础，“天下万物生于有，有生于无”。

此外，书中也有朴素的民本思想：“天之道，损有余而补不足，人之道则不然，损不足以奉有余”；“民之饥，以其上食税之多”；“民之轻死，以其上求生之厚”；“民不畏死，奈何以死惧之？”。

道教诞生以后，《老子》一书被尊称为《道德经》，其学说对中国哲学发展具有深刻影响，其与《易经》和《论语》一起，被认为是对中国人影响最深远的三部思想巨著。

# 第五章

# 西北与西南的关隘

本章主要介绍西北与西南地区的关中四大关——潼关、大散关、武关与萧关，以及西南地区的仙人关、剑门关、瞿塘关与下关等关隘。

# 第一节 关中四大关

说到关中四大名关，我们首先要明确一点，那就是“关中”之名实际上是因四大名关而来的，也就是说先有了四大名关，才有了“关中”的说法。战国时期便有四大名关，它们分别为东方函谷关（东汉以后被“潼关”所取代），西方大散关，南方武关，北方萧关，而居于这四关中间的广大地区，就因其地理位置而被称为“关中”。

## 知识链接

### 《关中八景诗图碑》

所谓“关中八景”，指的是八处关中地区著名的文物风景胜地，又名长安八景。分别为：华岳仙掌、骊山晚照、灞柳风雪、曲江流饮、雁塔晨钟、咸阳古渡、草堂烟雾、太白积雪。清康熙十九年（1680 年），朱集义用诗和画的形式描述了这八处胜景，并制成碑刻保存至今。

此碑碑阳有冯绣的篆额“关中八景”。下共分八段，每段左右分刻，成十六格。单层左诗右图，双层左图右诗。刻字者为高君诏，刻画者为杨玉璞。每首诗末还配有简短的说明性文字，介绍景观历史。碑阳最下端为周王褒的楷书题跋。碑阴刻松鹤图。

## 潼关

潼关历史悠久，闻名遐迩。潼关县地处陕西省关中平原东端，居秦、晋、豫三省交界处。东接河南省灵宝县，西连本省华阴市，南依秦岭与本省洛南县为邻，北濒黄河、渭河同本省大荔县及山西省芮城县隔水相望。潼关县是陕西的东大门，是连接西北、华北、中原的咽喉要道，其地理位置具有战略意义。

古潼关居中华十大名关第二位，历史文化源远流长。马超刺槐、十二连城、仰韶文化遗址等名胜古迹星罗棋布；风陵晓渡、谯楼晚照、秦岭云屏等潼关八景，引人入胜。

### 知识链接

**潼关八景**

潼关八景之一，是“雄关虎踞”。潼关故城的东门关楼侥幸残存，虽只是古城的一个部分，但仍不失雄伟气象，以威严雄险而著称。

潼关八景之二，是“禁沟龙湫”。龙湫是位于禁沟与潼河相汇处的一座深潭，潭中碧波荡漾，鱼跃兴波，潭边绿树成荫，鸟语花香，俨然系江南水乡风韵。

潼关八景之三，是“秦岭云屏”。秦岭峰峦起伏，山间常有云雾飘渺，千姿百态，蔚为壮观。

潼关八景之四，是“中条雪案”。每当冬日大雪之后，站在潼关故址远望中条山，便会看见玉树银峰、原驰蜡象的妖娆景色，使人恍如置身仙境之中。

潼关八景之五，是“风陵晓渡”。风陵，传说是女娲之墓。风陵旁的渡口，便叫做风陵渡，位于潼关故城东门外的黄河岸边。拂晓时分，南北客船在雾气中穿梭，别有一番印象画般的韵味。

潼关八景之六，是“黄河春涨”。春天，冰消雪融，黄河水量激增。此时站在潼关故址眺望，便会看见银光闪耀的冰凌随黄河之水奔涌而下。风声、水声，威武雄壮，荡人心魄。

潼关八景之七，是“谯楼晚照”。谯楼晚照，即指潼关谯楼日荡时分“归鸿默默争先集，落雁偏偏入望中”的景致。

潼关八景之八，是“道观神钟”。悬挂于潼关县麒麟山钟亭上的铁钟，晨昏撞响，钟声抑扬顿挫，清脆悦耳，给山川生色，给人以穿越时空的听觉享受。

潼关在东汉以前还未设关城，而到东汉末，曹操为预防关西兵乱，才于建安元年（196 年）始设潼关，并同时废弃函谷关。潼关以水得名。《水经注》中载：“河在关内南流潼激关山，因谓之潼关。”潼浪汹汹，故取潼关关名，又称冲关。这里南有秦岭屏障，北有黄河天堑，东有年头原居高临下，

老照片中的潼关形势

中有禁沟、原望沟、满洛川等横断东西的天然防线，势成“关门扼九州，飞鸟不能逾”。

汉潼关城在今城北村南。到隋大业七年（611 年），移关城于南北连城间的坑兽槛谷，即禁沟口。唐朝天授二年（691 年），又迁隋潼关城于黄、渭河南岸。宋熙宁元年与十年（1068 年与 1077 年），遣侍御史陈洎扩建。明洪武五年（1372 年）千户刘通筑城，明洪武九年（1376 年），指挥金事马增修城牌“依山势而曲折”筑城墙，后称明城。

清朝增修扩建，北临黄河，南跨凤凰、麒麟二山，东断东西大路临黄河南延上麒麟山；西断东西大道靠河南沿上象山。城门开六处，每处各有两洞，中有瓮城相连。东门称金陡，先名“迎恩”，后改“平藩两陕”；西称“怀远”，后改“控制三秦”。南门有两个，东边的称作上南门，先名“凌云”，后改“麟游”，再改“览山”；西边的称下南门，先名“迎薰”，后改“凤口”。

北门也有两个，靠西边的是大北门，先称“吸洪”，后改“霸英”。南北水关门有两个，南边北门筑闸楼七间，里设天桥；北边门筑闸九间。六大城

潼关关城

门，除南门无楼外，东西城各有两个。潼水穿城而过，经潼津桥注入黄河。1927 年，冯玉祥修筑潼河大桥。

城内建有金陵寺、钟楼、望河楼、吕祖庙、阅书楼、象山祖师庙及牌坊、楼阁多不胜举，古称“金碧辉煌，映映川原。”20 世纪 50 年代末，中央决定修建三门峡水库，潼关城建筑物被拆除。

赤壁之战后，曹操暂时停止南下，转而向西拓展势力，211 年 3 月，派钟繇出兵讨伐汉中的张鲁，这一军事行动引起了关中马超、韩遂等势力的疑心，于是马超、韩遂等邀约十数部人马抢占潼关，以守住关中的门户。这时，曹操先派曹仁率兵抵达潼关外围，以牵制关中联军。8 月，曹操率大军亲抵潼关前线，指挥所部进击关中联军。马超等统领的关中兵善用长矛，实力较强，针对这种情况，曹操先命令本部人马坚守不出，使关中军无法发挥所长。然后，曹操一方面做出要与联军大战的姿态，另一方面依徐晃的计策，派四千步骑北上渡河，再到浦阪津过河，在河西设营，以诱使联军全部集结于潼关。闰八月，曹操指挥大军由潼关北渡黄河，将大军移至黄河北岸，只有曹操和许褚等虎士百余人留在南岸负责断后。这时，觉察到曹军动向的马超不期而至，率一万多人袭击曹操。当时乱箭齐发，矢下如雨，曹操因未察觉而在胡床上没有动，许褚见势危，立刻扶曹操上船。在船夫被流矢射杀的危急情况下，许褚左手举着马鞍作盾，为曹操挡箭，右手则拼命撑船。曹军将士见马超军对曹操紧追不放，不知曹操安危，十分担心，于是渭南县令丁斐命人放走牛马，用以作饵引敌人，关西联军果然放弃追剿，赶紧追捕牛马，曹操最后才成功渡河。曹操渡河后与徐晃军会合后，沿河南行。发现曹军行踪的联军为阻击曹军，赶快到渭口防守。曹操一方面派多队疑兵吸引联军视线，另一方面派另一部队乘船渡过渭水，架起浮桥，于夜里渡过渭水，在渭南结营。马超等见曹军结营，就率兵攻打，结果被曹军的伏兵击败，只好退回潼关，双方进入对峙状态。潼关内的马超等因屯兵日久，难以为继，只好派出使者

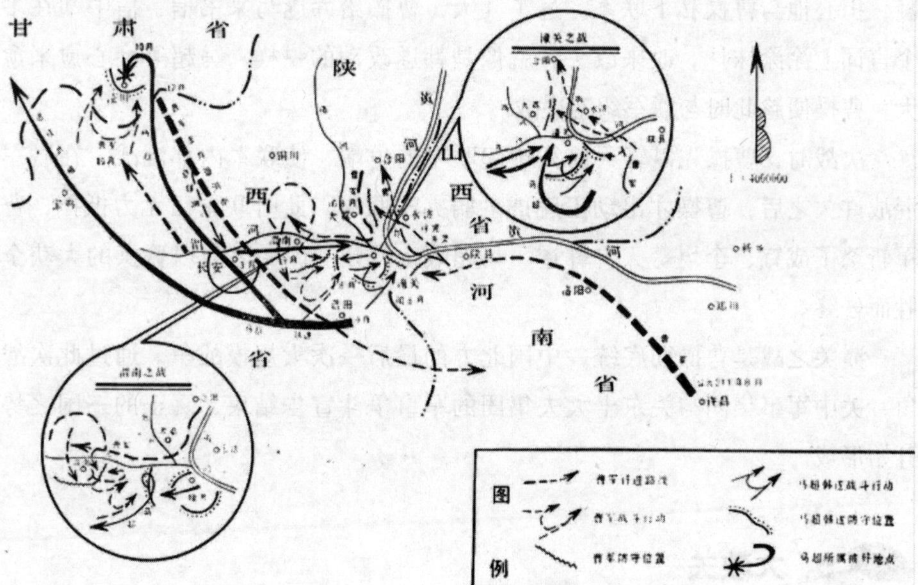


曹操与马超、韩遂潼关、渭南之战

以割让河西为约向曹操求和，但曹操不答应。9月，曹操率主力渡过渭水，进驻渭南的营地，马超等曾数次前往挑战，曹操均不应战，采取只守不攻的战略。联军挑战不成，就冲击曹军营寨，关中军擅长野战，因此曹军营寨多次被冲破。正当曹操苦于无法固守营寨之时，有人提醒曹操，此时天寒（九月份，其实差不多是农历十月份了），可以担沙泼水筑城，曹操听从了建议，果然一夜间便筑就了冰城。第二天联军到了以后，非常吃惊，以为有神灵在帮助曹操。关中联军此时攻营无果，又被曹操切断了退回关中的退路，无计可施之下，只好割地、送子质请和。这次，曹操听从谋士贾诩的离间之计，假意与联军谈和。

联军方面派出韩遂作代表与曹操相见。曹操与韩遂父亲在同一年被推荐为孝廉，又与韩遂是同辈，曾有交情。于是在两人会面时，曹操与他并不谈论军情，只谈说当年京都旧事，拍手欢笑，以引起联军误会。会面结束，马超等问韩遂曹操都说了什么，韩遂说没说什么。韩遂的态度引起了马超的怀疑，担心他与曹操私下联系。过了几天，曹操给韩遂写来书信，信中却在多个言词上涂涂抹抹，改来改去，就像是韩遂改动的一样，马超等疑心愈来愈大，曹操便趁此时与联军约定决战。

决战时，曹操先以轻兵前往挑起联军的争端，使联军内部混战。在联军混战许久之后，曹操才出动王牌虎豹骑夹击联军。此时联军已无力抵挡，曹军斩杀了成宜、李堪等人，韩遂、马超败走凉州。潼关之战以曹操的大获全胜而告终。

潼关之战是曹操彻底统一中国北方的最后一次大规模战争。通过此次战争，关中军事集团与关东士大夫集团的军事争斗宣告结束，真正的三国之势开始形成。

## 大散关

大散关亦称散关，为周朝散国之关隘，故名散关。大散关位于陕西省宝鸡市南大散岭上。这里山势险峻，层峦叠嶂，北连渭河支流，南通嘉陵江上源，是关中西南唯一要塞。自古以来是由巴蜀、汉中出入关中之咽喉，“关控陡绝”，战略地位非常重要。据史料记载，大散关曾发生过战役 70 余次。楚汉相争时韩信“明修栈道，暗度陈仓”就是从这里经过的；三国时曹操西征张鲁亦从此地经过；据陈寿《三国志》记载：“（建兴六年）春，亮复出散关，围陈仓，曹真拒之。”

## 知识链接

### “明修栈道，暗度陈仓”的故事

这个成语出自《史记·高祖本纪》，讲的是楚汉相争之时，项羽倚仗兵力强大，违背谁先入关中谁为王的约定，自封西楚霸王，却封先入关中的刘邦为汉王，封地在巴蜀，同时又分封其他王，制约刘邦，以防刘邦返回中原。刘邦入汉中时，听从谋臣张良的计策，烧毁栈道，表明自己不再进关中的决心，目的是麻痹项羽。后来，刘邦拜韩信为将军，他命士兵修复栈道，摆出要从栈道出兵的架势。见敌方上当，遂亲率士兵从不为人知的小路袭击陈仓，然后渡过渭河，倒攻大散关。继而攻入咸阳，占领关中，使关中成了刘邦打败项羽，统一天下的基础。

现在人们用“明修栈道，暗度陈仓”比喻表面故作姿态，暗地里另有所图。

大散关设于西汉（一说散关之名最晚当始于秦代），废弃于明末，现在关城遗址尚存。大散关在建筑上颇具特色，整个关城布局为方形，周长 5 千米，城高 10 余米，城墙为砖包土结构，厚达 7 米，东墙顶宽近 14 米，非常宽阔。

整个防御体系由关城、东西罗城、南北翼城、威远城和宁海城等七大城堡构成，威武雄壮。

大散关关城设有四门，门上各有箭楼，同时还有水门，用来倾泻城中积水。关城外有护城河环绕，平时用来蓄水，战时用来防敌。关城东城墙上有临闾楼、威远堂、牧营楼、靖边楼，与关城楼形成五楼鼎立之势，素有“五虎镇东”之称。

唐代大诗人王维曾写过这样的诗句——“危经几万转，数里将三休”，这句诗所描绘的就是大散关关城门内的一条山路，这条山路由99级台阶连接，像一架通天之梯，直通关岭。关岭南端有一座青砖砌成的烽火台，为传递消息之用。其实，当年从益门镇到秦岭梁之间有很多座烽火台，但都消失在了历史的洪流中，如今就只剩下了大散关岭上的这一座。

大散关特殊的地理位置不仅使它成为重要的军事要塞，也使它成为文人

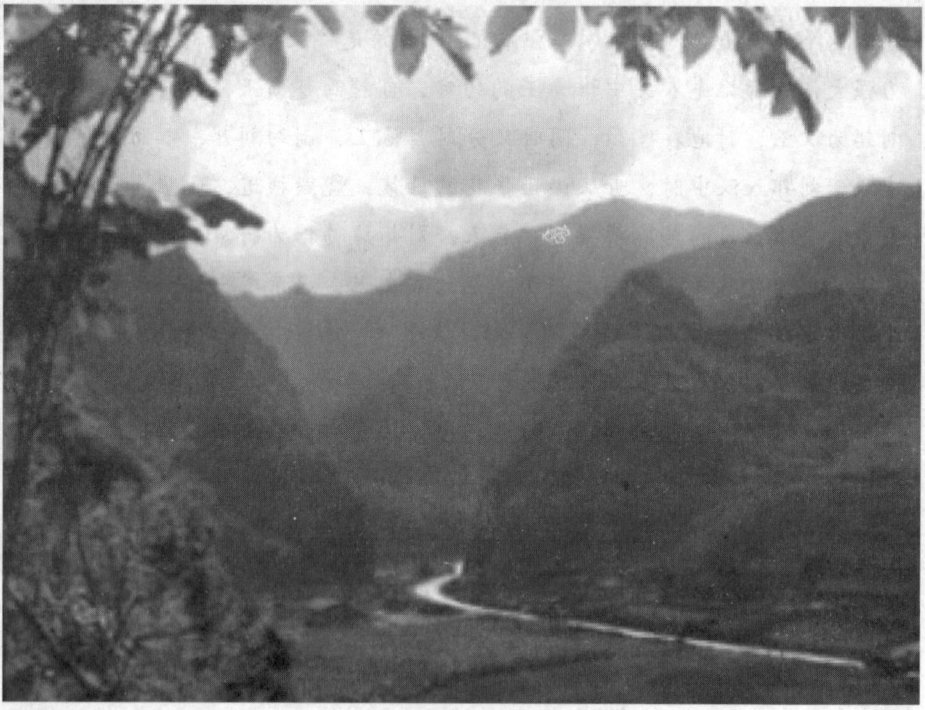

大散关一带地形

大散关关门

墨客、达官贵人甚至普通百姓的游览之地。曹操过大散关就留下了《晨上大散关》的诗；唐代王勃、王维、岑参、杜甫、李商隐等都在各自的诗中吟咏过大散关，特别是宋代陆游、苏东坡有关大散关的诗更多，影响也更大，如陆游的“楼船夜雪瓜洲渡，铁马秋风大散关”，如今已作了大散关三门的楹联。

而今，站在大散关驻足远眺，叠嶂的群山、苍郁的古木掩去了征战的历史，惟有奔流的清江河激越奔流，映出这里优美的自然风光。

## 武关

武关位于丹凤县东武关河的北岸，建关时间可推至春秋时期，当时名为“少习关”，战国时改为“武关”。关城建立在峡谷间一座较为平坦的高地上，关城周长1.5千米，城墙用土筑，略成方形。东西各开一门，以砖石包砌卷洞。西门上有“三秦要塞”四字，东门有“武关”二字，内门额上有“古少习关”四字。关西地势较为平坦，但出关东行，就要经过盘曲狭窄的山路，山路两侧崖高谷深，极为险要。现在的武关，关城基本完好，砖砌东西门洞依然可见，惟东去的小路已成为宽坦的公路，气象已非昔日可比！

武关遗址

现在，武关已载入《全国名胜辞典》，著名的武关八景分别为余光返照、石桥古渡、笔山鹿鸣、砚水鱼跃、龙潭古寺、白崖仙迹、莽岭神芝和玉泉串珠。名胜古迹有武关古城、秦楚分界墙、烽火台、全国核桃现场会纪念碑等。

## 萧关

萧关方位在何处，尚有争议，但在宁夏固原县东南这一大略方位是没有争议的。萧关是三关口以北、古瓦亭峡以南的一段险要峡谷，有泾水相伴。

汉代的萧关原本位于今宁夏固原东南。北宋时，政府为了防御西夏，又在汉代萧关故址以北100千米重筑萧关，位置是今宁夏同心县南。

萧关地处环江东岸开阔的台地上，是关中的北大门。出关达宁夏、内蒙及兰州、河西等地；入关经环江、马莲河、泾河直抵关中。

自战国、秦汉以来，萧关故道一直是关中与北方的军事、经济、文化交往的主要通道。旧《环县志》认为萧关“实银夏之门户，彬宁之锁钥也”。战国秦长城由西而东，横跨环江，越过萧关故道，沿河设塞，筑城建关，建在此交叉点上的萧关，即是在长城上建的关口，也是长城史上最早的关口之

复原后的萧关

一，战略位置极为重要。

萧关不是一个独立的关塞，它与秦长城的战略地位是密切相关的。秦长城以及在环县境内沿长城修筑的城镇堡寨，形成了一个完整的防御体系。另外，县城周围的果儿山、玉皇山、城东塬三大烽燧及城子岗、沈家台、城东沟口的城障，将县城团团围在中央，构成牢固的人工屏障。三大烽燧筑在萧关的制高点上，既可遥相呼应，又能俯瞰环江、城西川，城东沟三水交汇的所有地域，关内、外5平方千米的河谷、山川、道路、村舍等尽收眼底，高下纵横形成立体防御体系，其设计之精心，布局之巧妙，令世人叹为观止。

萧关故道亦是丝绸之路的一部分，对于陇右人民安居乐业、发展经济、交流文化、繁荣商贸、方便交通皆起到了极其重要的作用。如果说长城是中华文化史上一条极为重要的文化带，那么，萧关便是这一文化带上璀璨的一环。

秦汉萧关所在的这段峡谷地，山势险峻，景色秀丽，山涧河水涌动着流入泾河。春天，瓦亭峡的山峦上野桃花盛开，夭夭灼灼；入夏时节，这里的山峦早已被茂密的森林和灌木丛所掩映，郁郁葱葱；入冬时节，泾水凝固成一条白色的带子，山上为雪景所染，白茫茫一片，秋日里那经霜而变成各色的山峦景象全被雪景所取代；如若是遇到一场铺天盖地的大雪时，那又是另一番北国雪原的景象了。无论春夏秋冬，当你在萧关峡谷涧沿泾水而行时，总有一种清静绝妙的感觉。

每当人们提起萧关来，就把它与胡笳羌笛、蒿草满目、白骨累累、野兽出没无常的凄凉景象联系起来，多少忧国忧民的文人墨客，曾亲身经历了萧关道路之险要、环境之恶劣、战争之残暴场面，用手中的笔记载了古萧关过去发生的历史。汉饶歌在《鼓吹曲》中写道："回中道路险，萧关烽堠多。五营屯北地，万乘出西河。"描述了萧关周围山头报信用的烽堠处处皆是，大部队出发迎敌的壮观场面。"贺兰山便是戎疆，此去萧关路几荒。无限域池非汉界，几多人物在胡乡。"作者顾非熊对萧关道路荒芜，城池失陷，多少有名的人物沦为胡人统治的异乡客的情景做了描述，表达了忧国忧民的心情。"萧关陇水入官军，青海黄河卷塞云。北极转愁龙虎气，西戎休纵犬羊群。"杜甫在听到官军收复萧关陇地一带，长达七年之久的安史之乱即将结束这一消息后，心情喜不自禁。

在历史上，萧关百姓曾饱受匈奴、吐蕃、金、西夏、蒙古等少数民族的进犯之苦，这里曾发生过大大小小无数次战争，有的将士常年守关，由黑发变为了白发，发出"今未部曲尽，白首过萧关"的感叹，有成千上万的将士魂游萧关，蒿草满目，芦草纵生，尸骨遍野。时过境迁，如今已经很少有人知晓萧关及萧关所发生的历史了，尽管山头上仍然留存着打仗报信用的烽堠，秦长城的痕迹依稀可见，但那已经成为历史的见证。现在的萧关再也没有了"一行书信千行泪"的凄楚与无奈，以及"时危多战垒，猛将守萧关"的战争场面。蒿草已经被生态林草所覆盖，古丝绸之路被四通八达的交通网络所替代，中宝铁路、银武高速公路、312 国道横贯萧关南北，使昔日万夫莫开的关隘变成了通途。萧关道上的固原城一改过去的萧条景象，随着市场经济的发展和西部大开发战略的实施，这个曾为多民族、多文化相互交流融合传播的重要驿站，如今更是如虎添翼，不断走向繁荣。

# 第二节
# 川蜀周边的重要关口

## 仙人关

仙人关，位于今甘肃省徽县东南，西临嘉陵江，南接略阳北界，北有虞关，紧接铁山栈道，是关中、天水进入汉中的战略要地，也是由陕入川的重要咽喉。仙人关东西两山对峙，谷峡如瓮，怪石嶙峋，特别是东面的岩石壁，起伏纹路若仙人排列，眉目须鬓，清晰可数，有自然飘动之致，正因为如此，此处才得名“仙人关”。明人杨一清曾有诗曰：“树外苍云之外山，数间茅屋又无椽。旁人指点云深处，此是仙人不老关。”

说到仙人关，最让人难忘的自然是宋将吴玠在此带兵据险坚守，大败金兵的那段历史。那是一场以少胜多、以弱胜强的著名战役，为纪念吴玠的功绩，当地群众将此地称为“吴王城”。现在，徽县仙人关还有 6 米长、2 米高的石城垒和安公生祠祀断碑残存。

吴玠在仙人关取得了抗金的重大胜利，之后也一直坚守在仙人关，拱卫朝廷安全，最终病逝于此，墓碑就立在钟楼山上，钟楼山也因此而被称为“吴山”。钟楼山位于微县城东北隅，山上古松夹道，峰峦耸翠，就在这苍松翠柏间，一通高 2.96 米、宽 1.53 米、厚 0.31 米的墓碑坐东朝西而立，一座花堆五彩、三檐四簇的碑亭更显出墓碑主人的威仪。墓碑正面镌刻着“宋故

仙人关遗址

开府吴忠烈墓志铭”10个端庄有力的大字，威威赫赫，令人肃然起敬。细看正文，共21行，每行70余字，但大部分已剥落得不可辨认。幸好《徽县志》艺文卷中有碑文记载（但又缺碑文下款），才使人们对碑文内容有一个概略的了解。

据碑文记载：“吴玠归葬于德顺军水洛城北先祖茔。”另有《静宁县志》记载：“吴玠墓在宁州南一百二十里水洛城北”。这些记载与实际情况有些出入，原因在于吴玠去世时，宋金已经议和，所以打算将他送回故乡安葬，没想到还未成行，金军失盟，并大举入犯，使得吴玠的遗体无法如期返乡，只能长眠于仙人关。

吴玠墓碑最初立在城外，到明朝时因拓筑关城，墓碑便进入了城内。清嘉庆十三年（1808年），知县张伯魁因修县志，访考遗迹，在钟楼山中得到了这块碑。当时，墓碑已临崖边，摇摇欲坠，于是张伯魁令石工将墓碑前移40步（古代1步相当于5尺），并在周围筑起了围墙，立起了墓门，并在碑阴楷刻五言诗二首。新中国成立初期，墓区建筑毁坏殆尽，墓碑倒于一旁，直到1978年墓碑才被扶正，并建了一座碑亭。

墓地，原有墓葬封土冢两座。一座在碑的正北约50米处，呈半圆形，高1.5米，周长33米。1979年徽县政府报省批准在此修筑水池，经探察试掘未发现墓葬痕迹。现有一座墓冢位于墓碑正东9米处。这座半圆形封土冢，高1.4米，周长27米，保存较好。现在的冢前，古柏挺拔，青苍繁盛，象征着吴玠卓然高洁的人品；四周鲜花盛开，溢香流彩，又使这座古陵生趣盎然。

当年吴玠大败金军的战役发生于南宋绍兴四年（金天会十二年，即1134年），在那之前，金元帅左都监完颜宗弼率军攻克和尚原，宋吴玠军退守阶州（今甘肃武都东南），金军乘势由宝鸡直趋仙人关。吴玠料想金军必将深入，

仙人关古兵寨遗址

遂在关右侧筑垒，称“杀金坪”，并在地势险要处筑隘，设置第二道防线，严兵以待。

绍兴四年二月，金兵 10 万大军进犯仙人关，吴玠率万余人迎击。当时仍然驻守在阶州的吴璘（吴玠的弟弟）由七方关昼夜兼程来援，与金兵转战七昼夜方与兄吴玠会合。这时金兵的进攻虽然愈加猛烈，但都被吴玠兄弟一一击退。金军将领完颜宗弼大怒，令金兵改用云梯攻垒，吴玠派杨政主刀枪手阻击，撞碎金兵的云梯，以狙击敌人攻垒，又令宋军持长矛刺杀敌人。吴璘见战斗愈来愈激烈，形势非常紧张，为鼓舞士气，用刀在地上划了一道线，对将士们说：“我与你们一道坚守此地，决不后退，若谁后退，定斩不饶！”于是他身先士卒，全力击杀敌人，大大激发了将士们的勇气，他们个个奋勇当先，致使金兵无法攻下宋军堡垒。于是，金军又兵分两路，夹击宋军。吴玠则指挥宋军左萦右绕，与金兵苦战。将士显露疲态后，吴玠便主动放弃了第一道防线，领兵退入第二隘防守。

金兵仍步步紧逼，猛攻不止，完颜宗弼还令士兵身披重铠，以铁钩相连，人跟人鱼贯而上。吴璘组织弓弩手轮番急射，一时箭如雨下，金兵死者层层叠叠，但后面的金兵还是踩着自己人的尸体强攻不止。天降暮色，完颜宗弼见久攻不下且损失惨重，观察了一番地势后，命围攻的金兵撤下，全力攻打西北角堡楼。吴玠忙派姚仲登上堡楼与金兵对抗。楼将倒，姚仲令士兵用绳将堡楼缚正，金兵又用火攻堡楼，姚仲令士兵用酒缸盛水灭火，与金兵进行殊死搏斗，吴玠见情势危急，又派杨政、田晟各领一支精兵冲入金兵阵中，用长刀大斧左右击砍，将金兵冲了个七零八落。当晚，吴玠又在四面山上燃起熊熊烈火，将整个山岭、沟谷照得灯火通明，并令士兵将战鼓敲得惊天动地。同时，派王武、王喜二将领精兵分紫、白二色旗帜趁夜杀入金兵大营。一时间，金军阵脚大乱，开始仓皇逃窜，溃不成军，韩堂的左眼也被乱箭射中，完颜宗弼看架势招架不住，忙领残兵连夜逃走。

此前，吴玠已遣统制张彦在横山截击金兵，又令统制王俊领一支人马埋伏于河池，扼住金兵退路。金兵败退又遇张彦、王俊截击，完败，死伤无数。在仙人关战役开始之前，金人自元帅以下皆携家眷而来，决意要打开蜀川门户，进而攻占蜀川。惨败后，方知吴氏兄弟不好对付。完颜宗弼率残部退回凤翔分兵屯田，作长久打算，数年间不敢轻易攻打入蜀门户仙人关。由此可看出，此役对巩固南宋的半壁江山也是至关重要的。

如今，在吴王城不大的开阔地上，早已不见了城池的旧影，只有几块原来的栋梁石座散落其中，往昔的滚滚烽烟早已不存，只有仙人关草木依旧。

## 剑门关

剑门关位于四川省广元市剑阁县城北 30 公里处的大剑山上。大剑山也称梁山，两边陡峭的石壁连绵数百里，形成一道天然城郭，至关口突然中断，

剑门关

留下了一道狭长的隘口。隘口两崖石壁高耸，犹如刀砍斧劈，这道关隘成了入川的必经之道，享有“剑门天下壮”之誉，亦与山海关一样有着“天下第一关”之称。

即便没有到过剑门关，我们也对剑门关的险要地势有所耳闻。杜甫的《剑门》、李白的《蜀道难》都生动地刻画了令人望而却步的剑门。那么，剑门的险要地势是如何形成的呢？据研究表明，剑门绝壁是在漫长的地质构造运动中形成的。在侏罗纪时期（距今约 2 亿 ~ 1.4 亿年），四川周围隆起成山，盆地积水成湖，因受强烈风化侵蚀作用，山地为湖盆提供了丰富的沉积物，形成南北巴湖和蜀湖。白垩纪时期（距今 1.4 亿 ~ 0.65 亿年）剑门山脉正处在蜀湖北部边缘龙门山前山带，当龙门山强烈上升时，形成剑门洪积堆与剑门砾岩。剑门岩由上至下，砾岩层次由多变少，砾径由大变小，砾泥岩逐渐增多。岩层向东南呈不均匀倾斜的单斜构造，北坡陡峭，南坡渐缓，这些地质特点铸造了剑门山的奇险。

剑门山以天险形胜之地构成了川北屏障，关隘险绝，兵家必争。从昭化西北的天雄关起，北侧有白卫岭、云台山、毛家寨、摩天岭、土地关，南侧有东山寨、剑门关、苦竹寨、小吊岩、研石寨、青强岭，构成了古蜀道的著名险隘。所谓“蜀道之难难于上青天”，“畏途巉岩不可攀”即指的是此地。

修筑在剑门山上的剑门关凭借山之险要，更增加了几分气势。剑门关原古关城楼是三层翘角式箭楼，阁楼正中悬一横匾，上书“天下雄关”四个大字，顶楼正中的匾额题有“雄关天堑”四个大字。在漫漫的历史长河中，历代官府多次在剑门关关隘修建关楼，均毁于战火，明时又重新建造，清时几经修复，使关楼更加雄壮美观，可惜这样一座历时数百年的巍峨建筑却于1935年修川陕公路时被全部拆毁。1992年重修的关楼位于现在大家看到的新关楼对面，2008年的“5·12”特大地震使关楼严重受损。2009年，剑阁县决定在清代关楼的原址上重建关楼，现在大家看到的关楼就是仿照明代关楼重新修建的。关楼宽18.3米、高19.61米、深17.7米，全木结构，气势恢宏。

剑门关集雄、险、幽、奇于一体，除了山雄关险之外，还以峡谷的幽深、翠云廊的秀丽、岩石的怪异、山洞的奇特而闻名，这里风景名胜和文物古迹甚多。剑门山河流水系丰富，发源于剑门山的水有西河、闻溪河、大小剑溪。丰富的水资源使剑门山的生命现出勃勃生机，这里常有猴、羊、鹿等各种野生动物出没。苍苍青松、森森翠柏，使剑门七十二峰云环耸翠，与那馥郁的山花、甜悦的鸟语让人留恋不已。

剑门栈道依山傍势，凌空架木。长长的栈道在青翠的山间盘旋延伸，在险峻陡峭的大山石壁上刻出一道美丽的曲线。据说，这条栈道是三国时期诸葛亮率军伐魏，路经大剑山时令军士凿岩所建。而栈道的修建也为诸葛亮六出祁山，北伐曹魏立下了汗马功劳。当然，我们现在见到的栈道已不是当年的古栈道，但走在栈道上，依然能感受到剑门蜀道的独特魅力。

在剑门关南的游道右边有一尊雕塑，名为孔明立关像。之所以有这尊塑像，是因为据史料记载，剑门关为诸葛亮所设立，后又多次经过剑门关，因此立像以示纪念。

距孔明立关像不远，还有一尊刘备过关像。据说，刘备在称帝之前曾四次往来于剑门关，定都成都后又在此设立了剑阁县，加强了对剑阁的防守，并以剑阁为中心，将汉中到成都的一千多里连成了一个整体。

除此之外，剑门关景区还有姜维神像、平襄侯祠、红星广场、石笋峰、梁山寺等名胜古迹，让人们能够充分感受剑阁的历史文化之美。

## 瞿塘关

瞿塘关，亦称夔门、江关、扞关，位于长江三峡瞿塘峡口左侧，在巍峨壮丽的白帝城下，今重庆市奉节县境内。瞿塘关始建于战国，自古就为通往巴蜀的门户。“白帝高为三峡镇，瞿塘险过百牢关”就是杜甫对瞿塘关险要地势的描述。

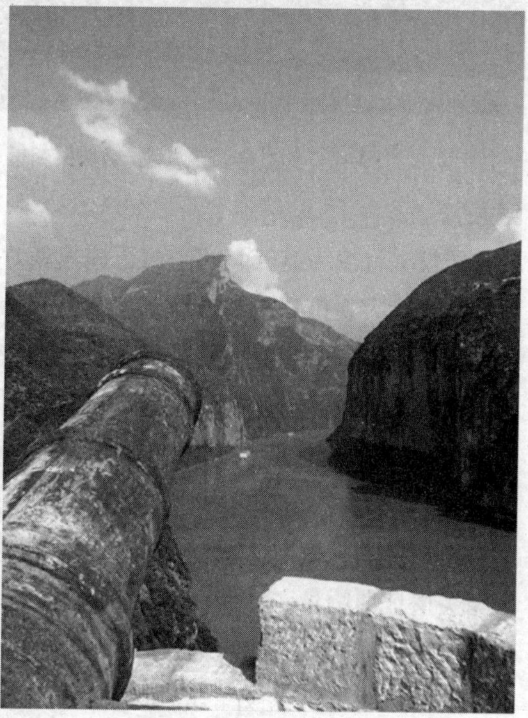

从瞿塘关古炮台俯瞰长江

瞿塘关古称江关。汉晋时又别称扞关，《后汉书·公孙述传》中有这样的记载：“东拒扞关，于是尽有益州之地。”到唐末五代至宋，称谓又有变化。唐谓之锁峡，宋呼为铁锁关。到南宋时，铁锁关则被称为瞿塘关了。从南宋以后至今称瞿

瞿塘关朝景

塘关。

瞿塘关就像一道巨大的闸门，巍然屹立在瞿塘峡的江面上，“夔门天下雄”五个大字在山岩上闪着威严的光芒。瞿塘关之所以成为夔门，是因为奉节古称夔州，所以叫它夔门。而长江水从此进入三峡，水势波涛汹涌，呼啸奔腾，令人心悸，因而有“夔门天下雄”之称。

三峡工程竣工后，瞿塘关遗址大部分被淹没于水下。为留住三峡历史与自然的记忆，抢救保护即将消逝的三峡自然文化遗产，曾经担任白帝城博物馆馆长的魏靖宇毅然建立了一座展示三峡地方文化的私人博物馆——瞿塘关遗址博物馆。博物馆位于长江三峡瞿塘峡口左侧，由古烽火台、古炮台、遗址厅、三峡堂、云根堂等主要部分组成。其中的古烽火台，为目前三峡地区保存最完好的战争遗存之一。瞿塘关古烽火台利用天然突兀巨石，四周用规整的砂石垒砌而成。它是瞿塘烽烟的实物见证，具有极高的历史价值。

就在这烽火台下的老关庙，当年发掘出一座巨大的保存完好的汉墓群，出土的大批文物为研究三峡历史提供了重要佐证。夔门古象馆便建在这汉墓群旁边，使瞿塘峡口这个历史的堆积处平添了几分苍凉。

从淹没线下的江底河底艰难打捞起来的巨型阴沉木，是魏靖宇历时 6 年、耗资 800 万元搬运展示于此的，其中有一根巨型阴沉木堪称世界之最，令人叹为观止。这根巨型阴沉木直径达 2.3 米，高近 20 米，重约二三十吨，树龄 2000 年，埋藏了 7000 年以上。魏靖宇说，经当地林业部门认定，这棵三峡地区最大的阴沉木在生长时至少高 30 米，直径则超过了 3 米。

瞿塘关关城

## 下关

下关又名龙首关、河首关，位于今云南省大理白族自治州大理市下关西北，据苍山与洱海间狭长通道南口，为古代南诏国、大理国都城的南方门户，地理位置十分重要。现在，下关有公路东达昆明，西通保山、芒市，北至丽江等地，是云南省西部的交通枢纽。

下关的历史可追溯到唐朝。唐开元十六年（728 年），南诏王皮罗阁（697—748 年）统一六诏（越析、浪穹、邆赕、施浪、蒙嶲、蒙舍），建南诏国，徙治太和城（今大理县太和村西）。大历十四年（779 年）迁都羊苴咩城（今大理县）。为巩固防戍，在通道南北两端筑关，北称上关，南称下关，两关相距百里，互为犄角，拱卫都城。

唐天复二年（902 年），南诏为郑买嗣所灭，先后建大长和国、大天兴国、大义宁国。后晋天福二年（937 年），白族首领段思平自石城（今曲靖县西北）起兵，攻克下关，占羊苴咩城，灭大义宁国，建大理国。宋宝祐二年

今日下关街景，这里现在是大理州州府所在地

(1254年)，为蒙古忽必烈所灭。明洪武十五年（1382年），大将蓝玉、沐英率师进军大理，酋长段世扼下关以守，明军巧用上、下两关地形，出奇兵，占下关，克大理。

下关风为大理四景之一。下关风是苍山洱海之间主要的风源，风期之长、风力之强为世所罕见。据资料显示，下关一年之中大风日数在35天以上，冬春为风季，夏秋稍小。下关风平均风速为每秒4.2米，最大风力达10级。

下关风成因于特殊的地势。下关位于苍山和哀牢山之间狭长山谷的出口，绵延百里的苍山挡住了大气环流，冬春盛行的平直西风气流和夏秋印度洋、孟加拉湾的季风便通过这山谷进入下关，形成了冬春季节苍山洱海之间强劲的西风和夏秋之交的西南风。

由于入口处两山狭窄，中间成槽形，吹进去的风会产生上蹿下跌的状况，有时还会回旋，就产生了一些奇异的自然现象。比如行人迎风前行，风揭人帽理应落在身后，但在下关却会掉到前方，不了解下关风入口处的特殊地理情况，往往令人百思不得其解。下关风下带灰沙，而令人神清气爽，对调节气候起到了重要作用。

对此，白族民间流传着一个美丽的传说：很久以前，苍山上的一只白狐变成美女来到人间，与一位白族书生相恋。有一天，书生的先生发现了他俩的事，于是愤怒地操起砚台将书生打落到了洱海里去。为救她的情人，白狐跑到南海找观音菩萨求救。观音菩萨给了她六瓶风，临走时叮嘱她途中不能说话更不能叫喊。可是救人心切的白狐匆匆赶路，不留意被绊了一跤，“哎哟”叫了一声，结果六瓶风一下子跑了五瓶。从此，下关便大风常吹个不停。

知识链接

### 大胜关

历史上有两处大胜关：

(1) 一处在今河南罗山。南宋开庆元年（1259 年），蒙古忽必烈分道南侵，出光山，渡淮河，入大胜关。明、清曾置巡检司于此。

(2) 另一处大胜关位于长江东岸，为南京城西南诸水注入长江之处，江流险恶，自古以来为南京的江防要塞和中转港口。现在的大胜关被秦淮新河水道分为南北两部分，北部属建邺区双闸街道，南部属雨花台区板桥街道。自大胜关起，北至三汊河水道，江心洲与长江东岸之间的夹江水道被称为大胜关水道，为南京市居民用水主要水源地。

# 第六章

# 华东与华南地区的关隘

本章主要介绍华东与华南地区的独松关、仙霞关、分水关、古严关与镇南关等关隘。

# 第一节
# 华东地区的主要关隘

## 独松关

独松关位于今浙江省安吉县南的独松岭上，关东西两侧既有高山，又有深涧，南北是狭长溪谷，地势十分险要。历史上，独松关与位于余杭境内的幽岭关、百丈关合称“独松三关”，是南宋京城临安北侧的主要屏障。只要守住了独松关，也就挡住了自杭州北来的兵患，因此，独松关成为古时兵家必争之地。

独松关建于南宋建炎年间（1127—1130 年），当时金兵南下侵宋，宋为阻金兵在独松岭垒石为关。因关侧有一棵千年古松，故名“独松关”。明代诗人凌说《独松冬秀》诗云：“撞破关门山势开，树头云起唤龙来。擎天老干高千丈，傲雪贞标压众材。岁久根节坚作玉，风生岩壑响成雷。苍颜不改浑依旧，万古相期竹与梅。”

独松关后是高峻的独松岭，岭上满是苍松翠竹。两条从独松岭上前伸出来的山脉，如同两条巨人的臂膊，将独松关抱在其中。独松关关隘由块石砌成，清人撰写的安吉县志上说：关墙之上原有箭楼，关内有兵营 6 间。关墙长约 60 米，高约 5 米，厚约 10 米。关墙横跨湍急的独松涧，衔连左右两条高峻的山脉。沿山涧右侧是一条陡峭的羊肠小道，直通关门。关门如洞，深 10 米，高约 3 米，宽不足 1 米，只能容一人通过。洞顶中部开有 2 米长、1 米宽的天窗。此天窗极有创意，平时可给关洞内透光，战时敌人进入关洞内，守兵可从头顶上袭击，使敌人无处躲避。

独松关几度兴废，关上的古松早已不存，关上的箭楼更难觅其踪影，连石砌的关墙也在修独松岭公路时被拆除了一半，现只剩独松涧右边的一半了。目下所见的独松关箭楼是 1983 年和 1998 年分两次修复的。关内的兵营遗址被辟成了堆放竹木的场地。独松关已没有了昔日的雄关气势。幸而独松关的关门还在，后人补刻的“独松关”三字还依稀可见。昔日的雄关峻岭，已日趋暗淡，而如今独松岭下正在修建水库，水库建成后，这条古时浙西北地区南通杭州的交通要道将从此断绝，这座“中华名关”将更为沉寂。

其实，在独松关的历史上，也曾是战火纷飞。德祐元年（1275 年），元军自建康出兵经广德，破独松关直取临安，至 1279 年南宋遂亡。元至正十二年（1352 年），红巾起义军据独松，占安吉，元军自双溪口北上，破独松三

独松关

关，起义军败。清咸丰十年（1860 年），清军进攻天京（今江苏南京），太平天国将领李秀成由杭州借独松捷径，迅速北上，与各路太平军大破清军，遂解天京之围。

相较这些真刀真枪的战役，《水浒传》中对独松关的描述恐怕更为家喻户晓。《水浒传》中有多处独松关及古驿道独松岭的描述，如卢俊义带领梁山好汉征讨方腊，在独松关与方部血战。小霸王周通战死独松关；为给周通报仇，没羽箭张清与双枪将董平步行杀至关上，酣斗之中，张清为救董平，情急之下用力过猛，枪刺树身，拔之不出，方腊部将厉天润乘机一枪刺死张清，就这样，飞石虎将血染独松关；后来，孙新、顾大嫂扮作逃生难民，探得关后一条小路，才“智取独松关”。这虽是小说所言，当不得真，却依旧为独松关平添了神韵。同时我们也可看到，在当时人们的心中，独松关是有独特地位的。

物是人非，历经朝代兴亡，独松关已失去其险要的地理位置和军事上的雄关气势，但古风犹存，景色秀丽，已成为后人凭吊叙怀和旅游观光的场所。

## 仙霞关

仙霞关位于今浙江省江山市保安乡南仙霞岭上，古称古泉山、泉岭山，地当福建、浙江、江西三省交界处，自古就是闽浙往来要冲，素称“两浙之锁钥，入闽之咽喉”。其与位于四川广元市南的剑门关，位于河南西部灵宝的函谷关及山西省代县的雁门关并称中国四大古关口。

仙霞岭，古称泉岭山，古泉山。地处浙、闽、赣三省边境，由窑岭、茶岭、小竿岭、梨岭（五显岭）及仙霞岭组成，统称仙霞岭。重峦叠嶂，峭壁千仞，绵亘百余里。为钱塘江、乌溪江、闽江及信江四条江河的发源地之一。

位于岭上的仙霞关由块石砌筑，前后共有四道关垣，极为罕见。清代汪浩《仙霞关记》中称：“域中有两戒，而两戒之内，北有居庸（关），西有剑门（关），西南有辰笼（关），其雄居于东南者，关之有仙霞是也……仙霞在汉以前，与居庸等关屹然四据，如京师有郭，其外直与边等。”这四道关垣分居东北和西南，皆以条石砌成，均建在两山夹峙的危岩陡壁之隘口中。关岭海拔高591米，总长5千米，有碎石砌就的台阶，历24曲。关内有观音阁、关帝庙等，仙霞古道穿关而过。关上有三块石碑，一是宋代砌路碑记，一为天雨庵塔石，上镌“天雨庵和尚之塔”；一块“东南锁钥”残碑。东北半山腰处，尚存清代建筑天雨庵附屋四间。关岭半腰及顶巅，各建一别致小亭。

仙霞关的第一道关隘依峡而建，基石整齐牢固，建筑方式颇富创意。第一道关的关门非常雄伟，设有双重大门，门为拱卷顶，上面似长城一样，建有枪洞。关墙厚3余米，高5.5米，长60米。关门两边都是高山，若关门紧闭，真是“一夫当关，万夫莫开”！

第一道关与第二道关之间有古道相连，古道宽约2米、长约1千米，曲折盘绕，共有1195级，用石块铺砌而成。

第二道关位于两侧山峦之间，横亘谷口。它是仙霞岭的最高处，穿过第二道关，便可登上仙霞之巅。关下有一泓清泉，泉水清澈甘洌，终年不涸。以泉水为镜，可鉴须眉，相传泉岭山即由此得名。泉池东侧是一大块高岗地，抗日战争期间，国民党军统头目戴笠曾在这里建造了一幢别墅，取名为“率性斋”。当年，美国海军少将梅乐斯就曾在此别墅休憩。

第二关再向上经过87级磴道（约1千米），就到了第三道关。第三道关位于仙霞岭向西北延伸至龙门岗余脉的鞍部。过第三关后，古道即盘绕向下，至第四关。出四关，磴道几乎垂直而下。岭下有跨路“福京亭”（连接福州与京城之意，俗称十八肩亭。旧时挑担，歇一次为一肩。此处喻指上岭艰难，从岭下至此，一般须歇18次）。过亭里许即为龙井村。经龙溪、小竿岭，原有第五关，现已坍塌。

仙霞关前，有一座小石桥，名叫落马桥。落马桥的由来要追溯到抗日战争期间，1942年中国军队在仙霞关与日军激战十昼夜，击败了日军7000余人的轮番进攻，取得了巨大胜利。在战斗即将结束时，一名日军指挥官骑马走到桥上，被我军一枪击毙，翻身落马。为了纪念此次胜利，人们为此桥取名

竹林掩映下的仙霞关

为落马桥。

在仙霞关第一道关内有一座碑廊，碑廊长 50 余米，陈列诗碑 26 块，镌刻着宋、元、明、清文人名士过仙霞岭所留诗文 20 篇，由 30 多位书法名家书写。其中，有南宋黄公度的《仙霞道中阻雨》、朱熹的《仙霞岭》，明代曹溶的《仙霞关》，清代周亮工的《仙霞岭》、王道的《过仙霞岭》、龚易图的《登仙霞岭》等。书体多样，雕刻刀法细腻。先贤隽永的诗文与现代名家精湛的书法交相辉映，再现了古诗之路的风采，有较高的观赏价值。

仙霞关和仙霞古道是目前全国唯一保存完好的黄巢起义遗址。黄巢石雕像，巍然屹立在仙霞岭上，像旁是当代著名书法家沙孟海手书的黄巢《菊花诗》碑："待到秋来九月八，我花开后百花杀。冲天香阵透长安，满城尽带黄金甲。"

道旁有棵千古楮树，历经雷击炮轰，老躯残干仍见新枝，相传为黄巢拴马之树。还有两棵巨型柳杉。其中一棵，不见树冠，仅余大半截空心躯干，空心中长出粗大毛竹，誉为"胸有成竹。"另一棵，巍然挺拔，参天凌云；金黄色树身，条条皮纹深裂如沟，铭刻了千年寒暑印记。

仙霞古道沿途多关帝庙，现存仍有四五座之多，分别为昭明桥旁的保乡寺、廿八都街的关王庙、枫岭上的宝华寺等。在这些关帝庙中，仙霞岭上的关帝庙是规模最大、香火最盛的。但在抗日战争期间，此庙毁于日军的炮火，现仅存两幅楹联。一副为：天地合其德，日月合其明，四时合其序，智者勇者圣者，软纵之将圣；富贵不能淫，贫贱不能移，威武不能屈，忠矣清矣仁矣，夫何事于仁。另一副为：拜斯人便思学斯人，莫混帐磕了头去；入此山须要出此山，当仔细扪着心来。现在，重建的庙中供奉塑像五尊，正中是关羽，两侧分立的是：周仓、廖化、王甫和关平。香火依然旺盛。

除关帝庙外，仙霞关还有一座香火鼎盛的观音阁。这座观音阁历史悠久，屡建屡毁。最晚的两次被毁，分别是清康熙十三年（1674 年）靖南王耿精忠叛乱和 1942 年日军攻打仙霞关。今观音阁为 2001 年重建，分为两层楼阁，阁中所供观音菩萨虽历经战火洗礼，却依旧容光焕发，风采不减当年。

仙霞关历来为兵家必争之地，战事频仍，正义烽火绵延不绝。明有叶宗留领导的农民起义，闽、浙种靛和烧窑农民的起义，清有以杨管应为首的饥民起义，光绪年间有刘家福领导的九牧起义，太平天国名将石达开、侍王李世贤的部队也曾在此活动过。中国革命战争时期，仙霞岭上又留下过共产党红军、游击队的足迹。1935 年至 1937 年间，工农红军挺进师在粟裕、刘英的领导下，建立了根据地，组织山区农民开展斗争。

现在仙霞关是浙江省省级重点文物保护单位，浙江省经典红色旅游基地之一，也是浙江省八大徒步旅游线路之一。古道、雄关、胜景历经沧桑，但依旧游人如织。

## 分水关

分水关，实际意义是以水流方向来断定地界的标志。从自然环境来说，分水关在各地有很多，在这里我们介绍的是位于武夷山的崇安分水关。

崇安分水关一带地形

崇安分水关又名大关，是崇安县八关之一，位于崇安西北分水岭上，接江西铅山界，当闽赣交通的要冲，自古有“入闽第一关”之称。五代时在此置寨。宋开庆年间并置大安驿。元废。明洪武初复置关，设巡司戍守。由崇安至江西铅山（县）界，路程40千米，只有从分水关到车盘一段长5千米比较崎岖，西向铅山，一路平芜，成为闽赣孔道。明代王世懋有过这样的描述：“凡福之丝绸，漳之纱绢，泉之蓝，福延之铁，福泉之橘，福兴之荔枝，泉漳之糖，顺昌之纸，无日不走分水岭及浦城小关，下吴越如流水。”解放战争时期，崇安分水关是中共闽浙赣边区党委活动的中心和交通要道。

崇安分水关居于武夷山脉最高峰黄岗山上，是崇安县西北面与江西铅山交界的一处分水岭。过去分水关古道是由条石间以大鹅卵石铺成的，这样一条古道修于崎岖的山岭上，铺砌古道的石头都是人工开采的，可以想象其中的艰辛。古道在陡峭的绝壁处设石栏杆护卫，路面平铺石阶，层层叠叠，直伸云间。商旅士卒，肩舆马帮，日夜行走，为便于行人休息，每隔十里就在道边设一路亭。分水关古道连接闽赣两省的物产流通，山岭运力十分繁忙。

不可忽视的是，分水关古道还是晋商万里茶路上的一个重要关隘。清代乾、嘉时，一支晋商劲旅，从山西出发，千里南下武夷山贩茶，分水关就是他们进入岩茶产区的必经之路。当时，晋商资金雄厚，交通工具以车马为主。这些车马铁坚轱重，常年在分水关古道的石板上往来踩踏，将石板路面磨得十分光滑，甚至在路上留下了一道道难以磨灭的车辙凹痕。

分水关还见证了许多浩荡的历史风云。在清廷与太平军的征战中，太平军曾一度攻破分水关，进入武夷山地区。太平军在此地肆意抢掠，严重扰乱了闽北的安宁。后曾国藩上书朝廷，请求亲自赴闽讨伐太平军。咸丰八年（1858 年），曾国藩亲率湘军从浙江仙霞关入闽追踪石达开余部，同时命令增援浙江的部队由江西铅山南下崇安围剿太平军。在清军强大的军事压力和打击下，太平军从崇安、建阳撤退，逃往建宁。

如今，分水关已不再硝烟弥漫，但朱熹留下的诗“地势无南北，水流有西东。欲识分时异，应知合处同”，却仍能勾起我们的幽思。高立不傲，谦逊包容，这也许就是分水关的人格魅力吧。

# 第二节 华南地区的主要关隘

## 古严关

古严关又叫炎关，位于桂林市兴安县严关乡严关村，是广西壮族自治区重点文物保护单位。

古严关始建于何时，其说不一，有说建于秦，有说筑于汉。据猜想，在秦朝统一岭南、灵渠建成以前，越城岭古道就早已存在，它也是岭南与楚地相联系的重要古道之一。不管现在的城墙关隘建于何时，至少应该是在原越城岭古道关隘的基础上重修加固的。现存古严关自明崇祯十一年(1638 年）以后曾经过多次维修，这在现存城墙内壁的石刻记录中可以找到确凿的依据。

古严关关口筑于狮子山与凤凰山之间。关门中，用巨石筑成的城墙与山相连。城墙长43.2 米，高5.3 米，厚8.23 米，内外砌以青石，中间填土。墙下有石阶可以上到城墙之上，城墙上部平坦宽敞，可以跑马。关门分前后两重券拱，门高4 米，中间露顶，其上旧建门楼，民国初年毁于火灾。关门的内外门额上，嵌有清咸丰元年（1851 年）兴安知县商昌题刻“古严关”三个大字。当年，太平军正浩浩荡荡从桂平出发，一路破象州、围桂林而上。商昌想凭古严关之险阻住太平军，便于此处修关、题名、练兵。没想到太平军

古严关

改道海洋、高尚，直取兴安，弄得商昌落荒而逃，至今仍留下个“逃兵县令”的笑柄，连旧县志都羞于载其名。

由于古严关四周群峰林立，通过此地只有古严关一条通路，所以此关历来“岭南战事，尝系于此”，被称为“楚粤咽喉”。如宋景炎元年（1276 年），宋将马暨率兵 3000 驻防于此，阻击南下元军；南明永历四年（1650 年），张同敞督兵防守严关，抗拒清兵南进；清顺治九年（1652 年），农民军将领李定国挥师破关，大败清定南王孔有德等。

战事频繁，历经此地的名人墨客也多。宋代著名诗人李师中、张孝祥、范成大、刘克庄等均从此处经过，并留下了众多题咏。关西山崖上亦有宋明以来游人摩崖十余方。关南山崖上有宋政和五年（1115 年）桂州知州程邻写的“严关”二字，是关上至今所存最早的摩崖；山崖上还有广南西路转运判官方信孺的关名题名石刻。每个字均两尺见方左右，字遒劲而清秀。其旁，有好几位民国初年兴安文人题刻的诗词，他们多是清末的秀才、拔贡，其诗都赞颂了严关的险要和优美的传说，颇有文采。

关口城门洞一块砖石上也有一石刻，那是乾隆五年（1740年）重建严关时所题，并记有崇祯十一年（1638年）重修严关之事，是研究严关的历史资料。关前北门口和关上有两方字迹相同的“严关”关名石碑，是咸丰元年（1851年）兴安县令商昌题刻的，前文已有提及。尤其是宋政和五年（1115年）桂州太守程邻、嘉定九年（1216年）广西提刑方信孺的“严关”题榜，形制巨大，书法古朴，是很珍贵的艺术品。

出关门向北约300米，有一方高过3米、宽厚均超2米的青石屹立道旁，人称“上马石”。相传，当年杨八姐随狄青南征，路过此地时，登此石上马，因而得名。上面刻有邑人唐一沛与湖南祁阳人彭紫炎合写的七言绝句，极言此地尽是山，而步行艰难，首句为7个“山”字连写，而末句为7个“难”字，颇具特色。

出关往南约150米，路旁又立有一方高近2米、宽约1.2米的石碑，上边密密麻麻刻满了大拇指般粗细的字，人称“芳泽碑”。“芳泽碑”实际上是雍正年间立的一块公告牌，规定了经过此处的官员可用轿伕的数额。之所以会有这样的一通公告，是因为严关口乃由湘入桂必经的要道。官员过此都要征调村民当伕抬轿，一些官员为摆阔壮威，征夫更是多多益善。百姓们苦不堪言，便向朝廷申诉，政府便立了这块碑。现在，历经风雨剥蚀，悲伤的字迹已经很难辨认，但仍然是我们研究历史的宝贵资料。

## 镇南关

镇南关位于今广西壮族自治区凭祥市西南15千米处，是中国南疆的重要关口，现称友谊关，是中越两国边境线上最重要的隘口。

镇南关始建于西汉，距今已有两千多年历史，初建时名为“雍鸡关”，因

老照片中的镇南关

关城附近山峦重叠，谷深林茂，地势险要，为中国通往越南的交通要口之一，故有“南疆要塞”之称。后改名“界首关”“大南关”。它雄踞于大青山、金鸡山（古称锦鸡陵）隘口，与西北的平而关、水口关合称“南天三关”。明洪武元年（1368 年）为巩固南疆，改建为两层门楼。又在金鸡山陡壁上修筑炮台数座俯控关口，易名为镇南关，一直沿用到新中国成立后。1953 年，改称“睦南关”。20 世纪 60 年代中期至 70 年代末我国抗美援越的物资，从这里源源不断运往越南，于是 1965 年改名为“友谊关”，由时任中国副总理兼外交部长的陈毅元帅亲笔题写关名，象征着中共与越共“同志加兄弟”般的革命情谊。

镇南关在帝国主义的侵略炮火中曾两次被毁。解放后，曾在城门上建一层楼阁，琉璃瓦顶，木柱檐廊，厢房四周开有棂窗。1957 年广西省政府拨款重修后，就是今天我们所看到的友谊关。现在，整座关楼由底座和回廊式楼阁两部分组成，通高 22 米。底座建筑面积为 365.7 平方米，长 23

米，底宽 15.9 米，平均高度为 10 米。公路从隧道形单拱城门通过，拱门上方用汉白玉雕刻着“友谊关”三个刚劲有力的大字。关楼底座上原来只建有一层木结构回廊，重建时改用钢混结构，并加了两层回廊，每层回廊平均为 80 平方米。回廊的四周是拱形大窗，窗棂装饰了各式图案，外墙为墨绿色石米贴面，显得庄严、古朴。回廊第一层以图片形式陈列着镇南关大捷、镇南关起义和红旗插上镇南关的历史。第二层是中越高级领导人会晤室。20 世纪中期，周恩来总理曾两次在这里亲切会晤越南人民的领袖胡志明主席。第三层是中国九大名关展览厅。关楼两旁是左弼山和金鸡山。金鸡山上有古炮台群，左弼山上有镇关炮台、中越边界界碑、大清国万人坟等战争遗址。

在镇南关的战争史上，较为有名的战役有清朝打败法国侵略者的镇南关战役和镇南关起义。

镇南关战役是清军在广西镇南关（今友谊关）打败法国侵略者的战役。清光绪十一年（1885 年）二月初，法军进犯镇南关，当时在镇南关部署战守的是老将冯子材。他得到法军进犯的消息后便派兵夜袭文渊，打乱法军部署，促使法军在援军未到之前即仓促发动进攻。初八的早晨，法军在炮火掩护下，沿东岭、西岭、中路谷地进攻关前隘，冯子材一面令各部迎战，一面通告扣波、幕府各军前来策应。激战中，敌军逼近长墙，冯子材不顾 70 岁高龄，持矛大呼，冲入敌阵，极大地振奋了军心。将士们呐喊着一齐涌出，与敌白刃格斗，战至中午，终将法军击退。冯子材指挥清军乘胜追击，连破文渊、谅山，重伤法军指挥官尼格里，将法军逐至郎甲以南。镇南关大捷在清军抵御外辱的历史上堪称辉煌的一页，极大地振奋了民族精神。

镇南关起义又称“丁未镇南关之役”。起义发生在 1907 年（清光绪三十三年）9 月，同盟会镇南关都督黄明堂在孙中山命令下，于 12 月 2 日和关仁甫一起率乡勇 80 人，携带快枪 42 杆，潜袭广西镇南关。事前，黄明堂已与炮台的清军取得联系，并约好攻打炮台的时间，所以当起义军共享第三炮台时并未受到激烈抵抗，即占领了第三炮台，之后又很快攻占了第二炮台和第一炮台。12 月 3 日，孙中山亲率黄兴、胡汉民、日本人池亨吉、法国退职炮兵上尉狄氏等至关，登上炮台，鼓舞全军士气。12月4日，清军开到，发起攻击，孙中山在阵地为伤员包扎，并亲手发炮，竟打得很准。当日下午，陆荣廷派一樵妇持函登台，表示愿率600余人投入孙中山麾下，并告知清军已有大军来援，情势万分紧急。孙中山便决定回河内筹款筹械，命黄明堂坚守5日，一俟饷械运到，便进取龙州。当晚，孙中山、黄兴等下山回安南。孙中山离开后，黄明堂带领起义军在镇南关苦战坚守，4日后枪弹告罄，无奈退至安南燕子大山，等待孙中山运送枪弹。而孙中山从越南运来的枪弹却被法方扣留在文登，在这种情况下，镇南关起义宣告失败。

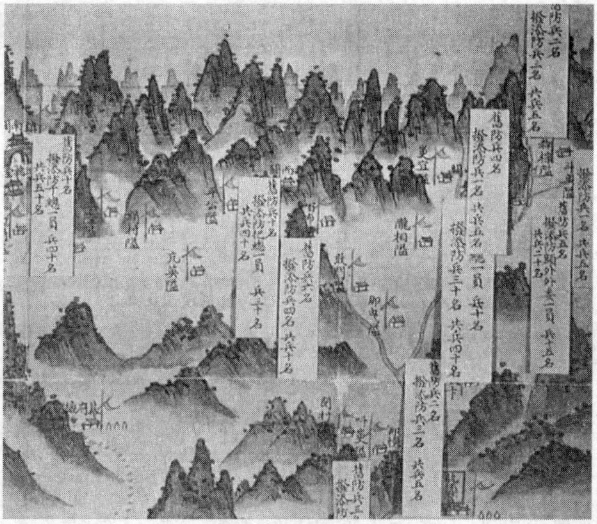

清代镇南关军兵驻防图

## 知识链接

### 同盟会

同盟会是中国第一个资产阶级的革命政党，全称“中国革命同盟会”。1905年（光绪三十一年）7月，在孙中山倡导下，兴中会、华兴会、光复会等革命团体在日本东京集会，决定组织中国同盟会。8月，同盟会在东京召开成立大会，通过了宣言、会章等文件，推孙中山为总理，由黄兴等分任执行、评议、司法三部工作，制定了“驱除鞑虏，恢复中华，建立民国，平均地权”的政治纲领，成为全国性的革命组织。11月创设机关报《民报》，与改良派展开论战。在《民报发刊词》中，孙中山把同盟会政纲进一步阐发为“民族”“民权”“民生”三大主义，这是孙中山为解决当时中国问题而提出的政治主张。同盟会在国内外各地建立组织，积极联络华侨、会党和新军。会员主要是中小资产阶级和知识分子，也有农、工、商及其他阶层人士参加。自1906年起，先后发动了萍浏醴起义、潮州黄冈起义、惠州七女湖起义、钦廉防城起义、镇南关（今友谊关）起义、钦廉上思起义、云南河口起义、广州新军起义和1911年（宣统三年）4月广州起义（黄花岗之役）。10月10日，武昌起义，爆发了全国规模的辛亥革命。不久，同盟会本部由日本东京迁至上海，南京临时政府成立后，又迁至南京。1912年8月，改组为国民党。

**图片授权**

全景网

壹图网

中华图片库

林静文化摄影部

**敬　启**

本书图片的编选，参阅了一些网站和公共图库。由于联系上的困难，我们与部分入选图片的作者未能取得联系，谨致深深的歉意。敬请图片原作者见到本书后，及时与我们联系，以便我们按国家有关规定支付稿酬并赠送样书。

联系邮箱：932389463@qq.com

# 参考书目

1. 何力．正在消失的中国古文明古道古关隘．北京：国家行政学院出版社．2012

2. 刘勇．中国红茶马古道．安徽：黄山书社．2012

3. 王怀中，马书峻．山西关隘大观．济南：山东画报出版社．2012

4. 赵云旗．中国古代交通．北京：中国国际广播出版社．2011

5. 边强．甘肃关隘史．北京：科学出版社．2011

6. 张松斌．平顺古关隘．山西：平顺县政协文史委平顺县文物旅游局．2009

7. 郑若葵．中国古代交通图典．云南：云南人民出版社．2007

8. 德山，乌日娜，赵相璧．蒙古族古代史交通史．沈阳：辽宁民族出版社．2006

9. 卢有泉．山西古关隘：中国文化遗珍丛书．沈阳：辽宁人民出版社．2005

10. 中国古代道路交通史编委．中国古代道路交通史．北京：人民交通出版社．1994

# 中国传统风俗文化丛书

一、古代人物系列（9本）

1. 中国古代乞丐
2. 中国古代道士
3. 中国古代名帝
4. 中国古代名将
5. 中国古代名相
6. 中国古代文人
7. 中国古代高僧
8. 中国古代太监
9. 中国古代侠士

二、古代民俗系列（8本）

1. 中国古代民俗
2. 中国古代玩具
3. 中国古代服饰
4. 中国古代丧葬
5. 中国古代节日
6. 中国古代面具
7. 中国古代祭祀
8. 中国古代剪纸

三、古代收藏系列（16本）

1. 中国古代金银器
2. 中国古代漆器
3. 中国古代藏书
4. 中国古代石雕
5. 中国古代雕刻
6. 中国古代书法
7. 中国古代木雕
8. 中国古代玉器
9. 中国古代青铜器
10. 中国古代瓷器
11. 中国古代钱币
12. 中国古代酒具
13. 中国古代家具
14. 中国古代陶器
15. 中国古代年画
16. 中国古代砖雕

四、古代建筑系列（12本）

1. 中国古代建筑
2. 中国古代城墙
3. 中国古代陵墓
4. 中国古代砖瓦
5. 中国古代桥梁
6. 中国古塔
7. 中国古镇
8. 中国古代楼阁
9. 中国古都
10. 中国古代长城
11. 中国古代宫殿
12. 中国古代寺庙

五、古代科学技术系列（14本）

1. 中国古代科技
2. 中国古代农业
3. 中国古代水利
4. 中国古代医学
5. 中国古代版画
6. 中国古代养殖
7. 中国古代船舶
8. 中国古代兵器
9. 中国古代纺织与印染
10. 中国古代农具
11. 中国古代园艺
12. 中国古代天文历法
13. 中国古代印刷
14. 中国古代地理

六、古代政治经济制度系列（13本）

1. 中国古代经济
2. 中国古代科举
3. 中国古代邮驿
4. 中国古代赋税
5. 中国古代关隘
6. 中国古代交通
7. 中国古代商号
8. 中国古代官制
9. 中国古代航海
10. 中国古代贸易
11. 中国古代军队
12. 中国古代法律
13. 中国古代战争

七、古代文化系列（17本）

1. 中国古代婚姻
2. 中国古代武术
3. 中国古代城市
4. 中国古代教育
5. 中国古代家训
6. 中国古代书院
7. 中国古代典籍
8. 中国古代石窟
9. 中国古代战场
10. 中国古代礼仪
11. 中国古村落
12. 中国古代体育
13. 中国古代姓氏
14. 中国古代文房四宝
15. 中国古代饮食
16. 中国古代娱乐
17. 中国古代兵书

八、古代艺术系列（11本）

1. 中国古代艺术
2. 中国古代戏曲
3. 中国古代绘画
4. 中国古代音乐
5. 中国古代文学
6. 中国古代乐器
7. 中国古代刺绣
8. 中国古代碑刻
9. 中国古代舞蹈
10. 中国古代篆刻
11. 中国古代杂技